CREATIVIDAD EN LA EMPRESA

Innovación basada en el funcionamiento

del cerebro humano

Alexander Ortiz Ocaña

2020

Alexander Ortiz Ocaña

Doctor en Ciencias Pedagógicas, Ph. D. Universidad Pedagógica de Holguín, Cuba. Doctor Honoris Causa en Iberoamérica, Consejo Iberoamericano en Honor a la Calidad Educativa (CIHCE), Lima. Perú. Magíster en Gestión Educativa en Iberoamérica, CIHCE, Lima, Perú. Magíster en Pedagogía Profesional, Universidad Pedagógica y Tecnológica de la Habana. Recibió el premio a la excelencia educativa 2007 y 2008 otorgado por el CIHCE con sede en Lima, Perú. Mejor pedagogo novel de Cuba en el año 2002. Ha publicado más de 40 libros. Ha realizado asesorías consultorías, talleres y conferencias en Cuba, Colombia, México, Brasil, Ecuador, Venezuela, Chile, Paraguay, España y Panamá, así como en múltiples Instituciones Educativas y Universidades de Colombia. Docente de planta de tiempo completo de la Universidad del Magdalena, Santa Marta, Colombia.

Email: alexanderortiz5000@gmail.com

INDICE

PALABRAS INICIALES

CAPÍTULO I: INNOVACIÓN Y CREATIVIDAD EMPRESARIAL

Enfoques de la innovación y la creatividad.

Teorías sobre la innovación y la creatividad.

Etapas del proceso de innovación.

Caracterización de la innovación y la creatividad Empresarial.

Creatividad individual e innovación colectiva.

Niveles en la innovación.

La innovación en las organizaciones.

Características del aprendizaje innovador.

La formación de innovadores

Autoprofesionalización del líder innovador.

Rol del líder innovador.

CAPÍTULO II: DESARROLLO DE LA CAPACIDAD DE INNOVACIÓN

Estimulación y desarrollo de la capacidad de innovación.

Obstáculos que limitan el desarrollo de la innovación.

Dimensiones de la innovación.

Competencias para la innovación.

Condiciones organizacionales para potenciar la innovación.

Indicadores para evaluar la capacidad de innovación.-

Decálogo del líder innovador.

CAPÍTULO III: EVALUACIÓN DE LA CAPACIDAD DE INNOVACIÓN CREATIVA

Indicadores implicados en la innovación creativa.

Caracterización de líderes innovadores creativos.

Indicadores para identificar y evaluar la capacidad de innovación creativa.

CAPÍTULO IV INNOVACIÓN BASADA EN EL FUNCIONAMIENTO DEL CEREBRO HUMANO

Como potenciar la capacidad de innovación.

Rol del cerebro en el desarrollo de la capacidad de innovación.

El cerebro innovador.

Configuraciones de la mente y del cerebro innovador.

Sistemas de representación del cerebro innovador.

Rol de las neuronas en el desarrollo de la capacidad de innovación.

¿Cómo innova el cerebro humano?

PALABRAS FINALES

BIBLIOGRAFÍA

Muchos de los problemas empresariales y de la vida cotidiana exigen, para su solución, de la aplicación de una mentalidad innovadora. Aplicar esta mentalidad no es tan sencillo, pues, generalmente, estamos más acostumbrados a pensar más con la lógica que con la innovación.

Aplicando métodos innovadores se obtiene un importante número de ideas para aplicar a los problemas que nos afectan, por difíciles que estos sean. Según Osborn (1963) los métodos dirigidos a activar el pensamiento creativo mejoran en forma espectacular la habilidad para dar soluciones originales y útiles a los problemas. Esta es la base esencial para la innovación.

La formación empresarial debe tener como objetivo transformar continuamente el cerebro de la persona que aprende, el profesional competente y competitivo. Mediante la utilización de estrategias para la innovación podemos reconfigurar los dos lados del cerebro, el izquierdo y el derecho, y, sobre todo, lograr conectarlos. A este proceso lo he denominado Neuro-innovación.

Sin embargo, al analizar integralmente el proceso profesional de las organizaciones se advierte que, en ocasiones, se utilizan conocimientos acabados, y se tiende a mantener tales conocimientos hasta transformarlos en estereotipos y patrones. En la Sociedad del Conocimiento no podemos darnos el lujo de utilizar conocimientos anticuados, debemos transitar hacia la configuración de nuevos conocimientos mediante la innovación.

Es por ello que una de las tareas más importantes en la etapa actual del perfeccionamiento continuo de los planes y programas de desarrollo empresarial, es formar un líder innovador, altamente calificado, competente y competitivo; para lo cual hay que lograr que desempeñe un papel activo en el proceso de innovación, con el fin de que desarrolle habilidades generalizadoras y capacidades intelectuales que le permitan orientarse correctamente en la literatura científico-estrategia, buscar los datos necesarios de forma rápida e independiente, y aplicar los conocimientos adquiridos activa y creadoramente en la innovación de nuevos productos y servicios.

Para tales efectos es preciso lograr la interacción de los sujetos que en este proceso interactúan: el profesional y los clientes o usuarios de los servicios de la organización. Esta interacción supone la formación de un enfoque innovador del proceso profesional hacia los problemas que surjan en situaciones de la organización, para los cuales no existen determinados algoritmos obtenidos durante sus labores cotidianas en las organizaciones.

El profesional del siglo XXI necesita aprender a resolver problemas, a analizar críticamente la realidad y transformarla, a identificar conceptos, aprender a aprender, aprender a hacer, aprender a ser y descubrir el conocimiento de una manera amena, interesante y motivadora. Para ello es preciso que desde las organizaciones se desarrolle la independencia cognoscitiva, la avidez por el saber, el protagonismo y la innovación, de manera que no haya miedo en innovar y resolver cualquier situación por difícil que esta parezca. El miedo es la principal barrera para la innovación. Por tanto, el compromiso de la organización es formar un líder innovador, digno de confianza, creativo, motivado, fuerte y constructivo, capaz de desarrollar el potencial que tiene dentro de sí y que solo él puede desarrollar e incrementar, bajo la dirección del líder organizacional.

El profesional del siglo XXI tiene que apropiarse de lo histórico-cultural, del conocimiento que ya otros descubrieron; la organización existe para lograr la socialización, el líder organizacional existe para orientar el proceso profesional, para orientar al innovador, no para hacer lo que éste debe hacer. Por lo tanto, los objetivos y tareas de la organización del siglo XXI no se pueden lograr ni resolver solo con la utilización de los métodos explicativos e ilustrativos, por cuanto estos solos no garantizan completamente la formación de las capacidades necesarias a los futuros innovadores en lo que respecta, fundamentalmente, al enfoque independiente y a la solución creadora de los problemas sociales que se presenten a diario.

Por ello, es necesario introducir en el sistema organizacional, métodos que respondan a los nuevos objetivos y tareas, lo que pone de manifiesto la importancia de la innovación mediante estrategias creativas, la cual constituye la vía idónea para el cambio, el éxito y el desarrollo empresarial. La innovación es el principal método de desarrollo empresarial en este tercer milenio. Ahora bien, la innovación ha tenido, por lo general, un enfoque empírico. Los conceptos, regularidades y principios que se han precisado como generalización de la práctica, no siempre han tenido una necesaria sistematicidad que posibilite desarrollar sus bases teóricas.

El desarrollo de las potencialidades humanas, la inteligencia, la innovación y la creatividad, el talento, y las competencias para la innovación constituyen uno de los grandes problemas globales relacionados con la formación de líderes organizacionales.

En la actualidad nadie cuestiona la necesidad de lograr un proceso innovador que propicie el cambio y el desarrollo empresarial, sin embargo, aún es insuficiente la preparación que tienen algunos líderes y profesionales para que puedan realizar transformaciones en el proceso profesional de las organizaciones. Por otro lado, pocos programas empresariales abordan estos problemas con especificidad y solidez, y pocos son, también, los cursos de postgrado que están encaminados al logro de una formación efectiva de los líderes del siglo XXI para el logro de este empeño: innovar a todos los niveles de la organización.

Esto trae como consecuencia que algunos líderes y profesionales, al desconocer las formas para evaluar la efectividad de sus estrategias laborales y carecer de un sistema de indicadores y estrategias para evaluar la pertinencia y calidad de las innovaciones, desarrollen acciones que no corresponden con la verdadera complejidad de la innovación y del proceso de su desarrollo, las cuales no aportan los resultados esperados. Precisamente, en este libro se ofrece una caracterización metodológica de la innovación, se explican los niveles de la innovación, sus dimensiones, indicadores y condiciones organizacionales para su potenciación.

Se reflexiona sobre el proceso de estimulación y desarrollo de la capacidad de innovación, a partir de eliminar las creencias erróneas y mitos sobre la innovación así como los obstáculos que limitan el desarrollo de la misma. Se analizan las dimensiones de la innovación, las competencias para innovar y las condiciones organizacionales para potenciarla. Se presentan los indicadores implicados en la innovación creativa, se hace una caracterización de los líderes innovadores creativos y se desarrollan los indicadores para identificar y evaluar la capacidad de innovación creativa.

Finalmente, se reflexiona sobre la innovación basada en el funcionamiento del cerebro humano, con el fin de potenciar la capacidad de innovación. Se analiza el rol del cerebro en el desarrollo de la capacidad de innovación. Se define el cerebro innovador, las configuraciones de la mente y del cerebro innovador, los sistemas de representación del cerebro innovador, así como el rol de las neuronas en el desarrollo de la capacidad de innovación, lo cual sirve de sustento para responder la principal pregunta de este libro: ¿Cómo innova el cerebro humano?

CAPÍTULO I

INNOVACIÓN Y CREATIVIDAD EMPRESARIAL

ENFOQUES DE LA INNOVACIÓN Y LA CREATIVIDAD

Muchos han sido los enfoques desde los cuales se ha realizado el estudio de la innovación y la creatividad. La mayoría de las investigaciones actuales coinciden en considerar que la innovación y la creatividad pudiera encontrarse en cualquiera de las siguientes direcciones: persona, proceso, condiciones (contexto social), producto, y conjugación e integración de estos aspectos.

Los trabajos que hacen hincapié en la persona están dirigidos a poner de manifiesto cuáles características de la personalidad favorecen la innovación y la creatividad, en este sentido se orientan los estudios hacia las características del individuo creativo (Guilford, 1991).

Los que enfatizan en el estudio de los procesos van encaminados a explicar de qué forma transcurre la actividad de creación y qué elementos y etapas forman parte de ésta; analizan la manera como los seres humanos construyen su referente y establecen la categoría ontológica de los productos de los procesos (Bruner, 1985).

En este sentido se orientan los estudios a los escenarios y ambientes en los que se desarrolla el acto creativo y a los pasos que se utilizan para la generación y producción creativa (Wallas, 1942).

Están también los que subrayan el papel de las condiciones que favorecen u obstaculizan la creación; aquí sobresalen los estudios sobre el sujeto y el grupo en función de sus relaciones con la actividad creadora.

Un cuarto tipo de trabajo analiza la innovación y la creatividad a partir de las especificidades del producto creativo en la diferenciación de niveles en la producción creativa (Taylor, 1959) o por la determinación del fruto o resultado creativo (Parnes, 1973).

La innovación y la creatividad también puede ser estudiada desde su naturaleza: creatividad científica referida a los aportes de las ciencias, creatividad artística a las propuestas y desarrollos en el campo de las artes, creatividad cotidiana a la construcción nueva y significativa en los actos cotidianos, en el hábitat, el trabajo, la educación y la recreación (Marín, 1976).

En la década del 90 están apareciendo una serie de investigaciones que subrayan uno u otro aspecto de los anteriormente mencionados, e intentan explicar la innovación y la creatividad en función de la integración de algunos de estos elementos (Mitjáns, 1993, 1995, 1997; Betancourt, 1994).

Estos modelos integradores tienen las siguientes regularidades:

- Se analiza a la persona creativa como un elemento integrado en un contexto más amplio con el cual interactúa.

- No estudian sólo una dimensión de la innovación y la creatividad sino que fundamentalmente la integran al medio como un factor que potencia y posibilita la misma.

- Hacen énfasis en el aspecto armónico de esta integración explicada por leyes de desarrollo y desenvolvimiento naturales.

- La innovación y la creatividad consistirá en una relación de orden, estructura o mejora del mundo que rodea al ser humano.

- Son modelos cibernéticos que apuntan a una entrada, salida y un mecanismo de retroalimentación.

La Dra. Albertina Mitjáns Martínez ha desarrollado un enfoque conceptualmente metodológico a partir de una concepción personológica de la innovación y la creatividad.

Nosotros nos adscribimos a dicha concepción teórica por referirse con más claridad al proceso de obtención y producción de algo nuevo en el marco de determinadas exigencias sociales.

Al asumir la posición de esta autora enfatizamos que en la innovación y la creatividad está implícito el proceso mediante el cual se alcanza determinado resultado y en el que están manifestados los vínculos entre lo afectivo y lo cognitivo de la personalidad.

Felipe Chibás (1992, 1997) toma la cultura como punto de partida para entender la innovación y la creatividad aludiendo que no basta con un enfoque personológico para explicar la innovación y la creatividad como potencialidad o facultad compleja, propia de todas las esferas del quehacer humano, y que puede ser susceptible de expresarse no sólo en individuos aislados sino, además, en grupos, organizaciones y comunidades o sociedades enteras.

De ahí que él defina la innovación y la creatividad como el "proceso, potencialidad o facultad que surge y se manifiesta por medio del desbloqueamiento y expansión de las fuerzas internas de un individuo, grupo, organización, comunidad o sociedad, que permite la generación de objetos, productos, servicios, ideas, estrategias novedosas y útiles para el contexto social en que fueron creadas, facilitando el cambio, el crecimiento y el progreso en un sentido amplio." (Chibás, 1997)

Cuando no se distingue entre cultura en el sentido humanista del término y cultura en su acepción antropológica, es decir, el conjunto de rasgos distintivos que caracterizan el modo de vida de un pueblo o de una sociedad, se origina una gran confusión en el discurso académico y científico.

Desde el punto de vista antropológico, la expresión: Relación entre cultura y creatividad, carece de sentido, puesto que la innovación y la creatividad forma parte de la cultura de un pueblo. Así, en este libro no se admite la ambigüedad de una expresión semejante.

Por otro lado, Manuela Romo considera que la innovación y la creatividad es "una forma de pensar cuyo resultado son cosas que tienen a la vez novedad y valor" (Romo, 1997)

Ser creativo significa, por sobre todas las cosas, no sólo una forma de pensar, sino una actitud ante la vida. La capacidad de crear e innovar se educa.

Realmente estaremos bien educados cuando nuestra educación nos conduzca a un pensar y crear más excelente, o sea, a utilizar estrategias de pensamiento abiertas, flexibles, cambiantes, transferibles y metacognitivas; en función de los escenarios que le tocará vivir al ser humano.

La innovación y la creatividad es la integración entre el individuo creador, el campo del saber, o sea, la materia científica y el ámbito o comunidad científica, es decir, las personas que avalan el nivel de creatividad del producto.

El concepto de creatividad se ha ido enriqueciendo y se ampliará como resultado de las investigaciones ulteriores y de la práctica pedagógica. De ahí que en la actualidad sea más válido hablar de una caracterización de la innovación y la creatividad que de una definición de la misma.

TEORÍAS SOBRE LA INNOVACIÓN Y LA CREATIVIDAD

Las definiciones de creatividad se encuentran directamente relacionadas con las estrategias utilizadas para el fortalecimiento del pensamiento y comportamiento creativo; a su vez las definiciones y las técnicas como también los métodos, están eslabonados con las diferentes teorías que intentan explicar la innovación y la creatividad.

Según Novaes (1979) en la psicología de la aptitud creadora se destacan dos corrientes teóricas sobre la innovación y la creatividad: La filosófica y la psicológica. Dentro de las teorías filosóficas se subrayan: la innovación y la creatividad sobrenatural; el pensamiento creador del ser humano como producto del poder divino, de su iluminación (Platón). Las que explican la innovación y la creatividad como un acto del interior en un momento especial, como acción de evidente genialidad, bien sea súbita o por inspiración (Gardner, 1993).

Aquellas que consideran la innovación y la creatividad dentro del desarrollo natural del ser humano, asociada con la evolución de las especies (Darwin) o como la fuerza cósmica asociada al proceso renovador universalmente (Whitehead).

Dentro de las teorías psicológicas son significativas entre otras; la teoría del asociacionismo, proveniente del behaviorismo (Watson) concibiendo la innovación y la creatividad como el resultado de la transferencia de asociaciones mediante del proceso de ensayo y error, desde situaciones antiguas a situaciones nuevas (Mednick, Malzman).

La teoría de la innovación y la creatividad incremental, la cual considera el arraigo o la experiencia del individuo, a su destreza y el desarrollo gradual de su trabajo anterior, por medio de un proceso de pequeños y continuos saltos (Weisberg, 1989).

La teoría gestaltista, concibiendo la innovación y la creatividad como el acto de pensamiento del individuo, agrupado, reorganizado y estructurado a partir de la interacción de las partes y el todo (Wertheimer).

Se puede citar la teoría de la transferencia, asociada al desarrollo intelectual creativo, motivado por el impulso intelectual de estudiar y encontrar solución a los problemas por medio de la interacción de las dimensiones del pensamiento compuesto por factores, contenidos y productos mentales que producen la transmisión creativa, es decir, la comunión de las dimensiones mencionadas (Guilford, 1991).

La teoría psicoanalítica de la innovación y la creatividad, formulada por Freud fundamentada en la sublimación y el impulso del inconsciente, plantea el papel del ego y el superego como administrador interno para la generación de ideas a partir del inconsciente, en un proceso de agresividad y defensa (Kris, Kubie).

Dentro de las teorías psicoanalíticas se encuentran también la que se asocia a la sublimación y jerarquía (Kneller) y la que considera la innovación y la creatividad como una autorrealización motivada (Rogers, 1991).

Finalmente se destacan las teorías interpersonal o cultural de la innovación y la creatividad, lo cual explica la gran dependencia de la personalidad, el proceso y el producto creativo con la intersubjetividad y la cultura, considerando el entorno como punto central del acto creativo (Arieti).

La teoría existencialista, la cual considera que cuando el individuo crea encuentra su propio mundo, el del entorno y el de sus semejantes.

La innovación y la creatividad es un encuentro, es la expresión del ser humano de reafirmarse a sí mismo gracias a una mentalidad sana, abierta y comunicativa. Cada acto creativo es un encuentro con la realidad auténtica (May).

Este conjunto de teorías dentro de una visión ampliamente creativa, presenta un panorama abierto, divergente y flexible con posibilidad de lo parcial y globalizante, lo desprendido y arraigado, lo visible y lo oculto. En sí las diferentes teorías reafirman la innovación y la creatividad como cualidad del ser humano para construir mundos posibles y como tal, debe estudiarse, fortalecerse y estimularse.

Las teorías señalan un rumbo común al perfeccionamiento del ser humano en su proceso de cambio. Los diferentes enfoques inducen a la formulación cada vez más especializada del por qué la innovación y la creatividad y al cómo del proceso creativo.

Existe en buena parte de las investigaciones un punto de partida común para la formulación del proceso. La acción creativa está conformada por sucesión de pasos; en este sentido es importante la contribución de Wallas (1946), estableciendo cuatro estados generales flexibles y abiertos, del proceso creativo: preparación, incubación, iluminación y verificación.

Sobre esta base se desprenden diferentes concepciones acerca de cada estado del proceso creador. Así mismo, maneras de abordaje para su fortalecimiento, técnicas y estrategias especializadas para desarrollar cada uno de los pasos, sin embargo, en la actualidad se consideran dos pasos más: la comunicación y la validación; cuya sistematización se ha logrado a partir de una investigación realizada en la Organización del Atlántico bajo la dirección de la Ingeniera Graciela Forero de López (2004).

ETAPAS DEL PROCESO DE INNOVACIÓN

Preparación

Se concibe desde la mera disposición personal hasta la determinación de hechos más exhaustiva, formulando y reformulando problemas en diferentes direcciones.

Es un periodo de observación e inmersión, consciente o no, en el que se identifican situaciones problemáticas existentes en el entorno, que son interesantes y suscitan curiosidad. Es decir, se detecta la oportunidad.

En ella, el pensador creativo sondea, revisa y explora las características de tales situaciones. Se concentra la atención en pensar sobre lo que se quiere intervenir.

Incubación

Entendida bien sea como la apertura del pensamiento inconsciente, un distractor para aceptar nuevos enfoques o disposición de la mente limpia y abierta.

Existe un consenso en el concurso del aparente alejamiento del problema como período de incubación. Una pausa para la creación.

Esta etapa se caracteriza por entrar y salir del tema, por periodos de actividad y pausa de acuerdo al estado de ánimo. Se realizan anotaciones, modificaciones y conexiones inusitadas, que van puliendo los avances conceptuales en la medida en que surgen las ideas.

Aún, las etapas de descanso donde no se piensa conscientemente en el problema, constituyen momentos significativos para la generación de ideas creativas, en tanto soluciones alternativas a las tradicionales. Esta etapa se identifica también como la de la combustión de ideas.

El objetivo fundamental de la combustión es aumentar las alternativas de solución que se tienen. Para el efecto, se utilizan analogías, metáforas, imágenes y símbolos, hasta la misma imaginería para encontrar la idea deseada. Las personas creativas se caracterizan por la habilidad que tienen de generar fácilmente ideas alternativas.

Iluminación

Con rangos desde el ¡lo tengo! repentino, la asociación aleatoria inducida, o el proceso incremental paso a paso, en un hecho reconocido como el fruto creativo.

Etapa en la que se visualiza la solución del problema, generalmente en forma inesperada. Etapa del eureka, donde las piezas del rompecabezas encajan, es decir surge una idea nueva, satisfactoria y comprensible, que sorprende aún al propio pensador creativo.

Frecuentemente se dan varias iluminaciones entremezcladas en las diferentes etapas, que conllevan a la idea creativa.

Verificación - elaboración

Asociada al proceso de comprobación, evaluación, fortalecimiento y puesta en marcha, son unos de los tantos elementos de la prospectiva creativa, una vez dada a la luz la idea.

Etapa en la que se confirma si la nueva idea es realmente novedosa y cumple o no con el objetivo para el cual fue concebida. Una vez confirmada en su novedad y pertinencia, se le dedica todo el tiempo y la atención requerida para desarrollarla y llevarla a cabo.

Es una etapa emocional de gran incertidumbre, dado que la nueva idea, vista en todos sus elementos, toma su validez desde 105 criterios del campo y la opinión del ámbito.

Comunicación

Esta etapa corresponde a la socialización de la nueva idea o producto creativo.

Su propósito es lograr el entendimiento y aceptación de la nueva idea o producto creativo, mediante una sustentación clara y precisa, soportada teórica, metodológica y técnicamente según los criterios y requisitos correspondientes a la naturaleza de la innovación.

En esta etapa se requiere además, un buen dominio de las técnicas de la comunicación oral y escrita en el ámbito de la ciencia y la tecnología, que en buena parte de los casos requiere manejo de un segundo idioma.

En ella, es fundamental involucrar a los receptores y evaluadores, incentivando su curiosidad e interés y la asimilación exitosa de la idea que se desea transmitir.

Validación

En esta etapa se recibe una evaluación crítica de los elementos que conforman la nueva idea o producto creativo.

Debido a la naturaleza de esta fase es imprescindible a ella el análisis acucioso y crítico de los juicios valorativos recibidos, para tomar en cuenta aquellos que conlleven a ajustes y si es el caso a replanteamientos definitivos.

La validación finaliza el ciclo del proceso creativo, cuando de ella se deriva el reconocimiento a la nueva idea o producto creativo, motivando con ello la generación de nuevas ideas.

Tanto los pasos del proceso creativo como los elementos que configuran la innovación y la creatividad pueden ser desarrollados por el ser humano a diferentes niveles utilizando su visión creativa. Para ello es necesario en primera instancia conocer cuáles son las características de esta visión, sus indicadores y condiciones.

CARACTERIZACIÓN DE LA INNOVACIÓN Y LA CREATIVIDAD EMPRESARIAL

En la actualidad es necesario buscar vías para aumentar la cultura de pensamiento, su adecuado enfoque, formar el estilo de pensamiento que necesita la sociedad sin mistificar elementos tales como lo racional, la inspiración, la intuición, la tensión psíquica, la insatisfacción, teniendo en cuenta que la innovación y la creatividad no es exclusiva de genios, de seres con capacidades excepcionales, sino que todos los seres humanos pueden ser creadores si son educados para ello, que no depende de rasgos biológicos, hereditarios, que no es una capacidad innata y menos que se logra por azar ni casualidad.

En esta conceptualización se enfatiza el hecho de la producción de algo nuevo. Este algo se refiere a una idea o conjunto de ella, a una estrategia de solución, a objetos, etc., además, lo que se produce debe tener algún valor para el progreso social, que en el caso del miembro de la organización de especialidad técnica se puede obtener en diferentes momentos de su actividad práctica.

"También la innovación y la creatividad se expresa en los múltiples campos de la actividad humana, tanto en las ciencias y en las artes, como en las diversas profesiones, la política, el proceso de apropiación del conocimiento, las relaciones humanas y en otras muchas; precisamente allí donde el sujeto está significativamente implicado." (Mitjáns, 1995)

"La innovación y la creatividad se expresa en diferentes niveles en función de la magnitud y significación de la transformación que el producto significa; desde niveles más elementales, hasta niveles incluso trascendentes a la humanidad." (Mitjáns, 1995)

De acuerdo con la concepción anterior, es muy difícil referirse entonces a personas creativas en general. La innovación y la creatividad global es abstracta, se es creativo para una actividad específica, eso sí es creatividad concreta, tangible.

La innovación y la creatividad se manifiestan en muchas áreas del saber, como por ejemplo:

- Sexualidad.

- Educación.

- Gerencia.

- Industria.

- Comunidad.

- Deporte.

- Defensa.

- Salud.

- Arte.

- Ciencia.

- Dirección.

- Informática.

- Marketing.

- Tecnología.

Como se aprecia, una persona puede ser creativa en Física y no en deporte, otra en peluquería y no en música, otra en el área técnica y no en pintura, etc. De ahí que en nuestros estudios acerca de la innovación y la creatividad se ha tenido en cuenta un enfoque integrador donde está presente lo profesional.

Gerardo Borroto define la innovación y la creatividad técnica como "la actividad pedagógica relacionada con la técnica y la tecnología, realizada por un miembro de la organización o por un grupo de ellos, mediante la cual éstos descubren o producen ideas, estrategias, procesos u objetos novedosos que dan solución a problemas individuales o sociales." (Borroto, 1997)

Un hecho significativo en la historia de la innovación y la creatividad técnica fue la realización del I Fórum de Mujeres Creadoras en Cuba en mayo de 1994, donde se demostró la importancia de la participación de la mujer en la actividad técnica creadora, tanto en la producción y los servicios como en las labores domésticas y otras tareas cotidianas.

De igual forma, cada día crece el número de niños incorporados a este movimiento de creación técnica, que participan en los foros y otros eventos de ciencia y técnica.

La innovación y la creatividad técnica se expresa por medio de la invención, innovación o racionalización, lo cual se manifiesta en "el artículo construido, pero también en el descubrimiento de un proceso tecnológico o constructivo más racionalizador, en el cambio u omisión de las piezas o elementos, en la sustitución de un material por otro, todo con la intención de ahorrar materiales, energía, tiempo o pasos tecnológicos, y lograr un producto de calidad." (Borroto, 1997)

La primera investigación pedagógica realizada en Cuba acerca del desarrollo de la innovación y la creatividad técnica en los escolares comenzó en el año 1985 y fue llevada a cabo por el líder innovador Gerardo Borroto Carmona con el título "El desarrollo de la innovación y la creatividad técnica de los escolares de VII a IX grados en las actividad innovadoras de Educación Laboral en la República de Cuba".

Esta investigación culminó en 1989 con la estructuración de los fundamentos teóricos de la innovación y la creatividad técnica de los escolares y la aplicación de una nueva metodología elaborada sobre la base de la realización de actividades técnico - creativas por los educandos.

A lo largo de nuestras investigaciones hemos constatado que el concepto creatividad técnica ha sido definido de diferentes maneras.

El pedagogo ruso P. N. Andrianov expresa que es "la actividad que realizan los escolares en el campo de la técnica, proceso en el cual está presente la búsqueda y aplicación de métodos originales en la solución a las tareas y problemas técnicos, cuyo resultado posee un significado individual o social y una novedad objetiva o subjetiva." (Citado en Borroto, 1997)

En la anterior definición se involucran conceptos filosóficos importantes, tales como actividad, proceso y problema.

Por otro lado, D. P. Elnikov, investigador ruso, considera que la innovación y la creatividad técnica es "una actividad pedagógica organizada y socialmente útil en el campo del perfeccionamiento de la técnica y la tecnología, cuyo resultado contiene elementos de novedad objetiva y subjetiva." (Citado en Borroto, 1997)

En esta definición apreciamos cómo el autor se expresa en términos más generales y declara que se trata de una actividad pedagógica, estableciendo una diferencia entre técnica y tecnología.

Creatividad Empresarial

Sin embargo, hablamos de creatividad en especialidades técnicas cuando un miembro de la organización descubre por sí mismo problemas o estrategias de solución expresadas por otros productores o líder innovadores en contextos determinados o ya desarrolladas muchos años antes, pero que son para ese sujeto, en sus condiciones dadas, realmente algo original y novedoso.

Según nuestro enfoque pedagógico, la innovación y la creatividad profesional es la potencialidad, capacidad, facultad o proceso cognitivo - afectivo del ser humano o de un colectivo, que se expresa, manifiesta y materializa a través del descubrimiento, formulación y/o solución apropiada de problemas profesionales, la elaboración de productos y objetos originales, la generación de ideas valiosas, respuestas auténticas, acciones y hechos pertinentes y relevantes; encontrando nuevas combinaciones, relaciones novedosas y estrategias útiles para el contexto social en que fueron creadas, partiendo de informaciones técnicas ya conocidas y facilitando el cambio en función del beneficio, el crecimiento y desarrollo humano y el progreso social.

Nosotros trabajamos con este tipo específico de creatividad, y no es que le pongamos por capricho el apellido de "profesional", es que la innovación y la creatividad se manifiesta en todas las esferas de la actividad humana; por eso es que se habla de creatividad artística, creatividad científica, etc.

Es creatividad profesional porque incluye lo técnico, lo laboral, lo productivo y lo cultural, y se expresa cuando el miembro de la organización de especialidad técnica es capaz de solucionar problemas profesionales que descubre en la actividad práctica empresarial o cuando es capaz de percibir y formular nuevos problemas profesionales que otras personas aún no han subjetivizado, ya sean compañeros de estudio o trabajadores de las empresas.

La innovación y la creatividad profesional no son más que la manifestación de las potencialidades creativas del ser humano en la actividad técnica, por lo tanto, la innovación y la creatividad técnica no está ajena a la innovación y la creatividad profesional, todo lo contrario, es su complemento, es inherente a ella. Creatividad profesional es algo más que creatividad técnica.

La innovación y la creatividad técnica se asocia a la innovación, ya que tiene un sentido más restringido a la búsqueda de soluciones novedosas en el campo empresarial, industrial y técnico; y la innovación y la creatividad profesional rebasa estos límites y trasciende a lo cultural, a la comunidad, a la sociedad, en fin, al modo de actuación de los profesionales técnicos.

La innovación y la creatividad profesional integran de una manera coherente y armónica la innovación y la creatividad que se manifiesta en la organización con la innovación y la creatividad que se manifiesta en la entidad productiva.

Cuando avanzamos la labor investigativa, nos percatamos que el desarrollo y educación de la innovación y la creatividad en una empresa es mucho más compleja de lo que habíamos pensado en un principio.

No podíamos seguir concibiendo un camino único, uniforme y lineal para lograrlo, porque eso eliminaría inevitablemente la diversidad. Por lo tanto, era necesario formular nuevas preguntas y replantear otras. El concepto de creatividad profesional es tan amplio y polisémico, y las interacciones entre creatividad y profesión tan difíciles de describir, y mucho más aun de evaluar, que la preparación de un libro sobre la materia no podía dejar de ser una tarea de complejidad abrumadora.

La innovación y la creatividad se educa, por lo tanto, hay que propiciar el espacio para cultivarla. Ahora bien, la educación de la innovación y la creatividad profesional es una tarea compleja y multifactorial. La organización no está preparada para enfrentar ese reto y asumir ese desempeño.

La innovación y la creatividad profesional está encaminada a la determinación y descubrimiento de contradicciones propias de las ciencias técnicas y a su eliminación, solucionando de esta manera los problemas profesionales, de ahí que el proceso de trabajo de la innovación y la creatividad profesional esté determinado por problemas profesionales, y comienza cuando el miembro de la organización reconoce la contradicción técnica planteada en la situación problémica profesional, cuando toma conciencia del problema y surge en él la necesidad imperiosa de resolverlo.

La adquisición de conocimientos contables o financieros, por ejemplo, se produce mediante un elevado grado de interrelación del miembro de la organización y la materia de Contabilidad o Finanzas, ya que él está motivado en resolver la contradicción profesional y tiene que buscar lo desconocido, lo nuevo en el contenido de la ciencia económica, con el fin de solucionar el problema profesional que tiene ante sí y que ha subjetivizado.

La innovación y la creatividad profesional se manifiestan cuando el miembro de la organización encuentra nuevos procedimientos efectivos, genera nuevos objetos, crea algo individual o colectivo, desarrolla nuevas ideas teóricas, prácticas, económicas, financieras, en fin, productivas.

La innovación y la creatividad profesional, por lo tanto, se orienta hacia el cumplimiento de las exigencias de la esfera de la producción y los servicios y sin su desarrollo no es posible la solución de los problemas profesionales, ni el crecimiento personal de cada miembro de la organización y, por tanto, tampoco del colectivo.

CREATIVIDAD INDIVIDUAL E INNOVACIÓN COLECTIVA

La innovación y la creatividad pueden ser vistas desde la individualidad y la colectividad.

Creatividad individual

Como capacidad funcional y habilidad de la formulación y solución de problemas de manera individual.

Innovación colectiva

Como posibilidad armónica del trabajo en equipo en los círculos creativos caracterizados por su composición abierta y espontánea, objetivos comunes, juegos de roles, simulación, autogestión de la acción, autocontrol del proceso, retroalimentación productiva, estrategia creativa y transformación.

La educación y desarrollo de la innovación y la creatividad profesional de un pueblo, promueve el crecimiento económico y tiene, en ese sentido, un valor instrumental; pero al mismo tiempo es un elemento esencial del desarrollo cultural con valor intrínseco. La educación y el desarrollo de la innovación y la creatividad profesional constituyen una empresa ambiciosa y compleja.

En la actualidad es más necesario que nunca cultivar la innovación y la creatividad profesional, ya que los trabajadores, las empresas y la sociedad sólo se pueden adaptar a lo nuevo y transformar su realidad mediante una imaginación e iniciativa creadoras.

La noción de creatividad profesional se debe utilizar ampliamente, no sólo para referirse a la producción de un nuevo objeto o producto, sino también a la solución de problemas en cualquier campo del saber.

La innovación y la creatividad profesional son esenciales para la industria y el mundo de los negocios, para el marketing, la gerencia, la salud, el turismo, la educación técnica y el desarrollo social y de la comunidad.

Hoy en día vemos en todo el mundo que el conocimiento científico y tecnológico, adaptado creativamente a las circunstancias locales, puede tener una gran capacidad de poder, pero el poder no reside únicamente en el saber técnico, sino en la apropiación de la capacidad social y técnica reunidas y en la acumulación de los recursos culturales para usar esta apropiación. La sociedad actual requiere de innovación técnica, económica y social, requiere de trabajadores con iniciativa e imaginación creadora.

Para lograr las transformaciones que necesita la organización es necesario que la innovación y la creatividad profesional se manifieste en todos los componentes del proceso pedagógico, tanto los personales como los no personales, y en todo el currículum escolar.

La innovación y la creatividad tiene que verse como una cualidad de la personalidad, muy relacionada a la formación primaria, básica, técnica, tecnológica y profesional cotidiana de los miembros de la organización en la organización y/o en la entidad productiva, y eliminar de una vez el criterio de que la innovación y la creatividad es don único de los sabios, inteligentes y genios.

La innovación y la creatividad profesional no es lo excepcional, es lo cotidiano, y constituye expresión de su integridad, de su desarrollo profesional. Lo cotidiano, simple, común, mínimo, diario es muy importante para ser creativos.

Valoramos la innovación y la creatividad profesional como una forma para mejorar la inmersión en procesos complejos de aprendizaje profesional. No hay creatividad profesional sin expresión profesional, sin trabajador competente y competitivo, sin producto de calidad. El creador se replantea constantemente lo que está haciendo, lo modifica constantemente, hasta el resultado final.

El creador mantiene una actitud crítica durante todo el proceso creativo, realiza la solución con los medios que tiene a su alcance, con nuevas formas de expresión. No se puede confundir la innovación y la creatividad profesional con la improvisación. La innovación y la creatividad profesional no pueden ser improvisadas de un día para otro ya que en su estimulación y desarrollo interactúan muchos factores de diversa índole, y tiene un carácter personológico.

El proceso de desarrollo de la innovación y la creatividad profesional en el miembro de la organización se fundamenta científicamente en varios puntos de vista: filosófico, psicológico, sociológico, ético, axiológico, pedagógico, entre otros.

La innovación y la creatividad profesional requiere un pensamiento flexible, dinámico, lateral, divergente, audaz e independiente; y este tipo de pensamiento se desarrolla solamente mediante tareas innovadoras que lo propicien.

¿Cómo lograr entonces un clima creativo que caracterice todo el proceso pedagógico y a la organización en su conjunto?

"Para valorar el nivel de creatividad de los sujetos en un área de actividad específica [por ejemplo en la formación técnica y profesional], deben   utilizarse tareas o problemas donde se logre, en la mayor medida posible, la implicación real del sujeto en su ejecución." (Mitjáns, 1995)

Una organización creativa debe concentrarse en formar futuros trabajadores que sean solucionadores efectivos de problemas profesionales, trabajadores capaces de hacer buenas elecciones, tomar decisiones acertadas, capaces de crear soluciones rápidas ante las situaciones.

Para investigar la innovación y la creatividad en la actividad líder innovador profesional de la Contabilidad y la Administración Financiera, en el proceso de formación de contadores y economistas, hemos utilizado un conjunto de problemas contables y financieros que tienen un carácter heurístico, cuyas soluciones han sido valoradas a partir del proceso para las mismas, es decir, teniendo en cuenta las alternativas y variantes adoptadas durante este proceso de solución, sin soslayar, por supuesto el resultado final, que también tiene importancia en la determinación del desarrollo de la innovación y la creatividad profesional.

En la actualidad, debido a la especialización del saber, se es creativo para una o varias esferas de la actividad y no para todas. De ahí la denominación de creatividad contable, creatividad financiera, agronómica, culinaria, industrial, etc., como tipos específicos de creatividad profesional.

NIVELES EN LA INNOVACIÓN

En cualquier esfera del quehacer humano que se analice no existen personas totalmente creativas ni personas que no los sean en absoluto. "La innovación y la creatividad se expresa en muy diferentes niveles, que van desde un nivel máximo del cual son ejemplo los artistas, científicos, descubridores o innovadores muy relevantes, hasta un nivel relativamente primario del cual son expresión, por ejemplo, muchas formas de conducta infantil." (Mitjáns, 1995)

Todos los individuos poseen determinado nivel de desarrollo de la innovación y la creatividad que se mueve desde el más limitado hasta el más elevado, pero nunca el desarrollo de la innovación y la creatividad será nulo o máximo.

En nuestra concepción de creatividad, estamos asumiendo implícitamente la existencia de niveles de desarrollo o niveles de creatividad. La contextualización de éstos es una tarea muy compleja de investigación actual y que puede enfocarse desde diferentes puntos de vista. De esta forma, podemos establecer los siguientes niveles en la innovación:

- **Nivel de recreación**

El individuo crea mentalmente de manera autónoma un conocimiento o producto existente pero desconocido, juega con sus ideas, se recrea con ellas, tiene algo en su mente pero no lo descubre aún ni lo exterioriza. Es un nivel muy elemental del desarrollo de la innovación y la creatividad.

- **Nivel de descubrimiento**

El individuo descubre en su mente problemas y productos que requieren una acción para su solución, pero no es capaz aún de externalizarlos, no expresa sus ideas con fluidez. Este es un nivel más avanzado que el de recreación, pero aún es muy elemental.

- **Nivel de expresión**

El individuo exterioriza y expresa de manera independiente conocimientos o productos existentes pero desconocidos.

- **Nivel de producción**

El individuo extrae de la naturaleza conocimientos y nuevos productos o utiliza de ella posibilidades combinatorias. Produce algo nuevo, aporta algo novedoso y de valor a la comunidad.

- **Nivel de invención**

El individuo genera un nuevo conocimiento o producto. Es una solución técnica de un problema, que posee novedad, actividad inventiva y aplicabilidad en la práctica.

- **Nivel de innovación básica**

El individuo crea nuevas estructuraciones, implicando cambio de paradigmas. Es una solución que se califica nueva y útil para el individuo o el colectivo que la logra, que aporta un beneficio económico o social y que constituye un cambio en el diseño o la tecnología de producción de un artículo o en la composición del material del producto.

- **Nivel de racionalización**

Se refiere a la solución correcta de un problema, que se califica nueva y útil para el individuo o el colectivo que la logra, y que su aplicación aporta un beneficio económico o social.

- **Nivel emergente**

Este nivel se alcanza cuando se rebasan los límites de lo tradicional, de lo estandarizado, cuando nos apartamos de los cánones tradicionalmente establecidos.

LA INNOVACIÓN EN LAS ORGANIZACIONES

- La generación de ideas nuevas y el perfeccionamiento de las ideas existentes.

- La concreción de las ideas y su aplicación objetiva en la práctica, por ejemplo, mediante un nuevo desarrollo técnico, el mejoramiento de los métodos y medios de trabajo conocidos, la comprobación e introducción de tecnologías perfeccionadas.

- La reutilización de ideas, medios y procedimientos tecnológicos bajo condiciones de trabajo específicas.

- La búsqueda de mejores vías y resultados superiores en la teoría y en la práctica.

¿Dónde debe estar el énfasis de la organización?

¿En transmitir conocimientos y desarrollar habilidades generalizadas o en educar la personalidad?

La Pedagogía tiene que abarcar otros horizontes en relación con la estimulación y el desarrollo de la innovación y la creatividad. Por ejemplo, es incuestionable que una correcta comprensión de la dialéctica de la educación colectiva y el desarrollo individual es la base para el desarrollo de la innovación y la creatividad, por lo tanto la educación de los miembros de la organización debe enfocarse con una concepción más individualizada y personalizada.

El problema de la educación y desarrollo de la innovación y la creatividad es el problema de la educación y desarrollo en el individuo, dada su complejidad como proceso de la subjetividad humana. Por tanto, el énfasis de la formación y los esfuerzos de la organización deben estar encaminados no sólo al perfeccionamiento del proceso de adquisición de conocimientos y de desarrollo de habilidades generalizadas, sino a un elemento más medular: el desarrollo y educación de la personalidad de manera holística.

La organización debe enseñar a aprender haciendo, en el trabajo y para el trabajo, y enseñar a pensar científicamente, con conciencia económica y productiva.

En correspondencia con la definición del Aprendizaje Creativo puede hablarse también de una Enseñanza Creativa o que propicie la innovación y la creatividad de los miembros de la organización.

Esta enseñanza debe ser ante todo un proceso flexible, alternativo, de investigación y transformación permanente, donde **el líder innovador debe:**

- Poseer una concepción humanista - dialéctica del proceso educativo y una sólida preparación científico - investigativa, es decir, dominar la ciencia, los contenidos innovadores e investigar, además, sobre su gestión profesional.

- Conocer y valorar su contexto de actuación profesional innovadora, conjugando la experiencia cultural universal y la autóctona, para operar con eficiencia.

- Considerar las necesidades de sus miembros de la organización para conducir sus aprendizajes innovadores, o lo que es lo mismo, conocer las características de éstos y ayudarlos a descubrir y desarrollar sus estilos de aprendizaje.

- Ser auténtico, empático y confiar en las posibilidades de crecimiento personal de sus miembros de la organización, personalizar su formación.

- Crear las condiciones materiales y espirituales para que sus miembros de la organización crezcan, propiciar y respetar espacios, tiempos, límites, con sus miembros de la organización, facilitar un ambiente afectivo positivo, cómodo, informal, no autoritario, ni coercitivo.

- Utilizar de forma independiente y creadora estrategias de formación productivas y participativas, que le permitan cumplir adecuadamente su función profesional.

- Valorar, utilizar flexiblemente y transformar su estilo de formación.

- Estar motivado por su trabajo y hacia el conocimiento en general. Tener voluntad para experimentar, para ensayar cosas nuevas.

<u>Por su parte, el miembro de la organización debe:</u>

- Ser activo constructor de su conocimiento.

- Estar comprometido con su propio aprendizaje innovador.

- Utilizar flexiblemente sus conocimientos y experiencias.

- Poseer intereses ricos, profundos y variados.

- Ser capaz de reflexionar de forma personalizada sobre sus contextos de actuación y sobre sí mismo para proyectarse hacia el futuro.

- Tener una actitud activo - transformadora hacia el aprendizaje creativo para poder tomar decisiones independientemente.

Todo esto se concreta en la situación de aprendizaje creativo entendida como el espacio donde se da la relación dialéctica entre el aprender y el formar, en un sistema de acciones y de comunicación.

CARACTERÍSTICAS DEL APRENDIZAJE INNOVADOR

- Tiene dos aspectos o componentes esenciales, que interactúan constantemente, lo referido al texto de la situación: objetivos, contenidos, métodos, recursos didácticos que conforman un sistema que responde al modelo social del cual parte. Un segundo componente, el contexto o aspecto dinámico que involucra a los sujetos participantes, líder innovadores y miembros de la organización, espacios y tiempos de dicha situación.

- Centrada en el miembro de la organización como persona.

- Basada en la relación existente entre lo individual, grupal, lo institucional y social.

- Que permite construir contenidos, métodos, recursos didácticos, espacios, tiempos y límites.

De manera práctica esto equivale a que se consideren las necesidades del miembro de la organización, se utilicen sus experiencias, que se trabaje con técnicas productivas y participativas, que vivencie, reflexione y decida sobre su estilo de aprendizaje y actuación.

Para elaborar situaciones de aprendizaje creativo que tiendan a este modelo, no hay algoritmos, "recetas" especiales, sino que cada líder innovador deberá trazar su estrategia particular. No obstante, hay un conjunto de sugerencias que pueden ser tomadas en cuenta para una estrategia formativa que propicie el aprendizaje creativo. Estos pueden resumirse en:

I.- Evaluación del contexto de actuación profesional pedagógica, esta incluiría:

1.- Análisis de programas de innovación, planes creativos, perfiles de producto, relaciones interdepartamentos.

2.- Identificación de las potencialidades intelectuales y personales de los miembros de la organización, el grupo y del propio líder innovador como profesional.

3.- Estudio de los contextos y condiciones en que se insertan estas situaciones de aprendizaje, organización y contexto profesional.

Esta evaluación debe contemplar un grupo de principios generales, entre los que se encuentran:

- La identificación como un proceso continuo, dinámico, siempre abierto, flexible y variado.

- El enfoque personológico de la identificación, es decir, la exploración, detección del potencial psicológico intelectual, afectivo y psicomotor.

- El enfoque clínico - experimental, en el cual:

a) Se utilizan parámetros cuali y cuantitativos, grupales e individuales.

b) Se evalúan tanto, los procesos como sus resultados.

c) Se instrumentan las tareas diagnósticas a partir de las propias situaciones innovadoras, fundamentalmente, creando oportunidades para la expresión de los fenómenos que se desea estudiar.

- El principio de la relación potencialidad - realidad, o lo que es lo mismo, se dirige a la detección del nivel de desarrollo alcanzado por los miembros de la organización, así como, su desarrollo potencial (zona de desarrollo potencial o próximo).

- Consistencia interna de métodos y técnicas a utilizar, lo cual no es más que la congruencia, complementación o sistematicidad de las diferentes vías, tareas diagnósticas, fuentes de información y aspectos a evaluar.

II.- Elaboración de alternativas formativas de acuerdo a los resultados de la evaluación anterior, encaminados al desarrollo, actualización o compensación de este potencial.

Estas alternativas formativas incluyen, entre otros, los siguientes aspectos:

a) Rescate de saberes, experiencias o conocimientos previos en los miembros de la organización.

b) Elaboración conjunta de objetivos por parte del miembro de la organización y el líder innovador.

c) Creación de un clima afectivo adecuado.

d) Atención a diferencias individuales a través del grupo.

e) Participación activa y continua por parte de miembros de la organización y líderes innovadores.

f) Actividades productivas, de final abierto, de alternativas múltiples, desafiantes y útiles.

g) Evaluación y control conjunto de miembros de la organización y líder innovadores de todo el proceso realizado.

LA FORMACIÓN DE INNOVADORES

Profesionalización del líder innovador es la capacidad del mismo para desempeñar su trabajo como amo de la ciencia y la técnica en los niveles teóricos y prácticos y como conocedor de sus potencialidades y capacidades creativas, un trabajador motivado, competente, flexible, polivalente, multifuncional, solidario, capaz de transferir, recrear y crear más allá de lo que hace.

La autoprofesionalización líder innovador es una categoría compleja que posee dimensiones en el campo pedagógico, psicológico y sociológico, entre otros.

Para su estudio, la autoprofesionalización debe entenderse como una actividad autotransformadora que presupone el cambio del líder innovador centrado en el dominio y comprensión profundo de los fines y la naturaleza de su actuación profesional, incluyendo los mecanismos que facilitan su cambio sistemático y su autoanálisis.

Los modos de actuación profesionales son las formas históricamente condicionadas de desempeñarse el líder innovador, y están constituidos por el conjunto de procedimientos, métodos y estados para la comunicación y la actividad pedagógica profesional, los cuales revelan un determinado nivel de desarrollo de sus habilidades y capacidades, así como de constructor, rutinas, esquemas y modelos de actuación profesional.

Un lugar importante entre esos modos de actuación lo deben ocupar los procedimientos y métodos para el análisis y modificación de su quehacer, que constituyen, por supuesto, un elemento clave para la autoprofesionalización.

La autoprofesionalización líder innovador se puede entender como un proceso que parte de la concientización por cada líder innovador de la importancia de su actuación como sujeto. Es por ello un proceso de autoconciencia y de acción.

La autoprofesionalización es la posibilidad de ascender a niveles superiores de actuación mediante el reconocimiento y modificación de los modos de actuación con los que opera el líder innovador. Es esencialmente un paso de lo inconsciente a lo consciente en el líder innovador, que sólo puede ser llevado a cabo individualmente.

De tal forma, autoprofesionalizarse es entonces un constante reanálisis de la información sobre los modos de actuar, los procedimientos, motivaciones y conceptualizaciones sobre la labor pedagógica profesional, que genera procesos de búsqueda, y transformaciones a partir de la propia experiencia ajena y que recodifica, reorganiza y sistematiza todo el sistema de trabajo del líder innovador hacia estadios superiores de desarrollo conscientemente determinados.

AUTOPROFESIONALIZACIÓN DEL LÍDER INNOVADOR.

- La existencia de una estimulación persistente y efectiva de origen intenso hacia la profesión.

- Determinar sus necesidades, buscar y plantearse problemas profesionales de forma autónoma, así como iniciar la búsqueda de las soluciones adecuadas a ello.

- La autovaloración del líder innovador de su quehacer profesional.

- La reflexión del sujeto sobre sus concepciones y valoraciones ético - pedagógicas, sus modos de actuación, sus motivos y estructuras cognoscitivas y su apropiada modelación.

- Proyectar cambios ulteriores de su actividad transformadora que pretenden conformar un nuevo modelo de actuación profesional.

La autoprofesionalización líder innovador es una vía para la elevación de la calidad y la innovación y la creatividad de la actividad pedagógica profesional. Esto significa que la autoprofesionalización debe ser vista en su condición de un estado a alcanzar en los colectivos pedagógicos y centros y, al mismo tiempo, en su condición de proceso de cambio entre estados de desarrollo pedagógico determinados.

Dado el carácter complejo de la actividad empresarial, en el caso particular de los líderes innovadores y colectivos, evaluaremos el desarrollo de la actividad pedagógica profesional por medio de los modos de actuación profesionales y por la naturaleza creadora de los mismos.

Para caracterizar los cambios producidos, en el colectivo pedagógico, producto de la profesionalización del líder innovador, podemos identificar en el mismo las siguientes dimensiones:

1-Concientización de los modos de actuación profesional. Representaciones sobre sus modos de actuación profesional.

2-Modos de actuación profesional concreta que posee el líder innovador. (Según la estructura de la actuación pedagógica profesional)

3-Implicación del sujeto en el proceso de formación profesional.

- Representaciones actuales sobre su profesión.

- Planes y proyectos respecto a la profesión.

- Necesidades reales de perfeccionamiento de su labor profesional.

4-Nivel de desarrollo de la innovación y la creatividad profesional.

- Flexibilidad.

- Estructura temporal de los contenidos de innovación.

- Mediatización de las operaciones creativas.

- Capacidad de reestructurar el campo de acción innovador.

- Estructuración consciente activa.

5-Técnicas de análisis y cambio de su actividad.

6-Formas de regulación de su labor profesional.

7-Formas de comunicación en el colectivo.

Para transformar el rol asignado a los líderes innovadores, de uno en que difunde oralmente información e instrucciones, muchas de ellas rutinarias, a uno de carácter profesional, es necesario   introducir   una poderosa fuente de dinamismo en el seno de los procesos innovadores.

ROL DEL LÍDER INNOVADOR

El rol profesional se caracteriza por la capacidad de atender los problemas de aprendizaje profesional específicos de cada miembro de la organización y por la responsabilidad por los resultados (en la medida que interpretan las razones que pueden estar operando como obstáculo en sus procesos de aprendizaje y prescriben y administran los tratamientos adecuados). La profesionalización del rol implica que los líder innovadores deben liberar el tiempo que ahora dedican a aspectos rutinarios y enfatizar la evaluación y organización de tratamientos diferenciales. Esto lleva a modificar el acento tradicionalmente puesto en los procesos de formación profesional por un nuevo acento en los aprendizajes profesionales.

El auténtico rol líder innovador se encuentra limitado por la falta de material que reemplace lo que se entrega oralmente en forma rutinaria, pero también lo afectan las condiciones laborales, normas y reglamentos organizacionales; planes y programas, y mecanismos de evaluación y de control.

Una mayor profesionalización del rol de los líderes innovadores debería favorecer, a su vez, un mayor protagonismo de los miembros de la organización en sus propios aprendizajes. En este sentido, el empleo de materiales de autoaprendizaje, el trabajo en pequeños grupos, el rescate de los aprendizajes previos, la conversión de las propias experiencias cotidianas en instancias de aprendizaje, la búsqueda autónoma de información, el fomento de la comunicación oral y por escrito, el favorecer la generación de aprendizajes basados en procesos auto-asumidos de investigación, constituyen algunas de tantas otras vías que los líderes innovadores con mayor profesionalización están llamados a favorecer.

La disponibilidad de materiales interactivos, orientados a favorecer procesos de auto-aprendizaje profesional y una personalización de los ritmos de aprendizaje, sin lugar a dudas constituye un complemento para que al mismo tiempo que se modifique el rol del líder innovador se modifique el rol del miembro de la organización.

La profesionalización del rol líder innovador resulta fundamental para el desarrollo de procesos educativos diseñados en función de la diversidad de las competencias exigidas y una oferta establecida sobre la base de la identificación de las necesidades básicas de aprendizaje que posibilitan su adquisición.

A medida que los miembros de la organización adquieren mayores niveles de autonomía en sus procesos de aprendizaje profesional, el líder innovador podrá concentrar sus esfuerzos en la identificación de las necesidades básicas de los miembros de la organización, en el acompañamiento de sus aprendizajes comprendiendo sus dificultades y evaluando permanentemente sus resultados.

Los nuevos esquemas institucionales que dan una mayor autonomía a las organizaciones también implican un cambio radical en la organización y visión de lo que ha sido el trabajo creativo.

Los roles del gerente y de los líderes innovadores se tienden a redefinir gradualmente, de acuerdo a ese contexto. Al gerente de la organización del siglo XXI se le pide que, al mismo tiempo de trabajar en equipo y de fortalecer la participación de los líderes innovadores, asuma su cargo no sólo como una etapa dentro de una carrera profesional, sino como una posición moral, intelectual y funcional, desde la cual tiene la posibilidad de conducir una organización innovadora y de imprimirle una dirección. Así, más que meros administrativos se requiere de líderes innovadores capaces de inspirar y motivar, y que sean, a la vez, eficientes organizadores, gestores de nuevos conocimientos e innovadores disruptivos.

CAPÍTULO II

DESARROLLO DE LA CAPACIDAD DE INNOVACIÓN

ESTIMULACIÓN Y DESARROLLO DE LA CAPACIDAD DE INNOVACIÓN

En el mundo existen muy variadas e interesantes experiencias formativas encaminadas a la estimulación y desarrollo de la innovación y la creatividad.

En esta dirección encontramos los trabajos de Edward de Bono (1980, 1986), quien aportó una metodología para el desarrollo del pensamiento, la cual contempla como elementos imprescindibles:

- La libertad de expresión.

- La ausencia de inhibiciones.

- Evitar juicios críticos valorativos.

- Estimular nuevas ideas durante el proceso creativo.

Este autor aporta un conjunto de técnicas que constituyen valiosos instrumentos para propiciar el desarrollo de la innovación y la creatividad:

- Considerar Todos los Factores (CTF).

- Positivo, Negativo e Interesante (PNI).

- Otros Puntos de Vista (OPV).

- Consecuencias y Secuelas (CS).

- Posibilidades y Oportunidades (PO).

- Prioridades Básicas (PB).

- Propósitos, Metas y Objetivos (PMO).

- Alternativas, Posibilidades y Opciones (APO).

Indudablemente, estas herramientas movilizan el razonamiento y conducen a los miembros de la organización a realizar operaciones lógicas y a utilizar procedimientos para el análisis, la síntesis, la generalización y toma de decisiones; por lo que serían más útiles si se pudieran utilizar en los propios contenidos de innovación, en el proceso de formación de líderes innovadores y que además de entrenar las habilidades intelectuales, consoliden los conocimientos y desarrollen las habilidades generalizadoras.

Carl Rogers (1991) plantea ideas coincidentes en relación con las condiciones que propician el desarrollo de la innovación y la creatividad:

- El trabajo en grupo.

- El ambiente de libertad.

- La libre expresión.

- La estimulación de ideas nuevas y originales.

- El clima de confianza, de aceptación y respeto a la persona.

- La eliminación de la amenaza de la evaluación.

- La independencia.

- La libertad de proyectar y seleccionar diversas opciones.

Por otra parte E. Torrance (1992) concede una gran importancia al líder innovador en la facilitación de la innovación y la creatividad de sus miembros de la organización, de esta manera, destaca entre las condiciones para una formación creativa:

- La relación creativa líder innovador - miembro de la organización, lo cual implica una actitud constructiva, de confianza en las potencialidades del miembro de la organización.

- El conocimiento de sus características y funcionamiento psicológico.

Dentro de las estrategias utilizadas para la formación y el desarrollo de la innovación y la creatividad encontramos las técnicas específicas para la solución creativa de problemas.

El auge que en los últimos años ha tenido la investigación de la innovación y la creatividad en la empresa ha dado lugar al surgimiento de múltiples técnicas y ejercicios para desarrollarla. Entre estos podemos mencionar:

- El análisis morfológico (Zwicky, 1969).

- El listado de atributos (Crawford, 1954).

- La tormenta de ideas (Edward de Bono, 1986).

- La Sinéctica (William Gordon, 1963).

- El juego.

- El psicodrama.

- El método Delphi.

A partir de la aparición de la tormenta de ideas, técnica desarrollada por A. Osborn (1963) a comienzos de la década del 50, se produce una explosión de técnicas y métodos para detectar y fomentar el potencial creativo.

Momentos importantes de este devenir lo fueron el desarrollo del método "Sinéctica para la estimulación del pensamiento analógico" por William Gordon (1963), en Estados Unidos, en la década del 70; y las técnicas que Edward de Bono (1986) utilizó para fomentar el despliegue del pensamiento lateral o divergente, como contraparte del pensamiento lógico tradicional.

La Sinéctica es un método muy eficaz para desarrollar el pensamiento divergente y una estrategia creativa para la solución de problemas. El proceso sinéctico incluye dos procedimientos complementarios: "convertir en familiar lo que es extraño", y "convertir en extraño lo que es familiar". ¿Cómo?

Gordon (1963) explica que "convertir en familiar lo que es extraño" significa simplemente el desarrollo y comprensión del problema. La comprensión requiere traer un concepto que hasta ese momento es extraño, al ámbito de lo familiar. El proceso de "convertir en extraño lo que es familiar" es exactamente lo inverso. Para hacer conocido lo extraño se incluyen los siguientes procedimientos fundamentales: análisis, generalización, y la búsqueda de modelos o analogías.

El análisis es el proceso de desarmar un problema en las partes que lo componen. La generalización es el acto intelectual de identificar pautas significativas entre las partes componentes. La búsqueda de modelos o analogías equivale a preguntarse ¿Qué hay en mi conocimiento o experiencia anterior parecida a esto? Para hacer extraño lo conocido se trata de distorsionar, invertir, transponer la manera cotidiana de ver las cosas y de responder a aquellas que hacen del mundo un lugar seguro y familiar.

Estas técnicas han demostrado su utilidad para resolver creativamente, en grupos, problemas específicos de diferentes esferas: la industria, la gerencia y la tecnología. Con la aparición de estas técnicas quedó demostrado fehacientemente que la innovación y la creatividad se puede fomentar de manera dirigida. Por ello cada día aumenta más el número de técnicas que se crean con esos fines, muchas de las cuales pudieran aplicarse con éxito en el desarrollo de la capacidad de innovación.

Según Albertina Mitjáns (1995, 1997) se ha investigado poco la utilización de estas técnicas en el desarrollo de la innovación y la creatividad individual, es decir, en condiciones de la vida diaria, fuera de la situación concreta de solución grupal de problemas en que éstas se han empleado. Además, no se ha demostrado, según esta autora, que los individuos que resultan productivos en los grupos no lo son en otros contextos.

Realmente estas técnicas han sido utilizadas de forma individual, pero sus mayores aplicaciones han sido en trabajo grupal, es decir, para la solución creativa de problemas en grupos.

El papel de la innovación y la creatividad en el progreso social fue destacado por José Martí Pérez, al escribir que:

"Quien quiera pueblo, ha de habituar a sus hombres a crear. Y quien crea, se respeta, y se ve como una fuerza de la Naturaleza." (Martí, 1961)

El carácter innovador y creativo es una exigencia de nuestro tiempo, caracterizado por el cambio continuado de los valores, los conocimientos y las estrategias. En la historia del conocimiento psicológico la innovación y la creatividad han sido comprendidas de distintas maneras.

La innovación y la creatividad, desde el punto de vista de la Psicología, ha sido estudiada partiendo de diferentes enfoques o puntos cardinales, de ahí que en la literatura especializada encontremos muchas formas de definirla.

Algunos autores la consideran como un proceso de elaboración de productos originales, otros consideran que es una facultad del ser humano para solucionar problemas conocidos y la posibilidad de descubrir problemas donde otras personas no lo ven, otros la consideran como capacidad, por tanto, puede formarse y desarrollarse.

La innovación y la creatividad se definen también como la facultad de encontrar nuevas combinaciones y respuestas originales partiendo de informaciones ya conocidas, es el antípoda de la realización de una actividad siguiendo un patrón, una regla o un algoritmo. La innovación y la creatividad puede considerarse como la manifestación cúspide de la inteligencia, concebida como la expresión de equilibrio de la estructura cognoscitiva del ser humano con el medio (Piaget,1972, 1976), como la capacidad de desarrollar el pensamiento abstracto (Lewisterman,1921), o como la capacidad de análisis y construcción mental de relaciones de pensamiento (Bereiter y Engelmann,1966), o la capacidad de adaptación, equilibrio y empleo eficaz del pensamiento creativo cuando es un acto autónomo, original y significativo (Duncan,1985).

Puede darse inteligencia sin mayores expresiones de creatividad, aunque la innovación y la creatividad no aparece sin los signos de la inteligencia, o por lo menos depende de ésta hasta ciertos niveles (Andreani, 1972).

La innovación y la creatividad se estiman como una posibilidad de análisis relacional más amplio, complejo y alternativo; la posibilidad de representación y de simbolización de manera divergente; el aprovechamiento del conocimiento con mayor combinatoria y en la jerarquía de las facultades humanas, como la expresión del grado más alto de las maneras de reunir información procesarla, utilizarla (Landau, 1987).

La diversidad de enfoques teóricos y aproximaciones metodológicas que han caracterizado la producción científica en este campo, determinan la coexistencia de concepciones diversas en la literatura especializada actual, las cuales, sin embargo, abordan de manera común, dos puntos esenciales: los criterios de novedad y valor para caracterizar el producto creativo (lo que se produce debe ser novedoso y tener algún valor) y, por consiguiente, se caracterizan también como creativas a las personas y al proceso que generan productos creativos.

La innovación y la creatividad constituyen un complejo proceso de la subjetividad humana que se expresa en la producción de algo, que en algún sentido es nuevo y valioso, por lo que las dificultades para su identificación y evaluación aumentan debido al propio carácter relativo de estos criterios.

Los criterios de novedad y valor son relativos, ya que lo que es novedoso para una persona puede que no lo sea para otra, y al igual sucede con el valor. El contexto es el que define el valor de un producto. La innovación y la creatividad sin contexto humano y cultural es una creatividad vacía, ciega, muda y hueca.

Esta definición nos permite referir entre los hechos creativos, los relativos a encontrar problemas donde otros no los ven y descubrir facetas poco desarrolladas o no encontradas aún en el trabajo productivo.

Coincidimos con aquellos autores que expresan que el carácter novedoso del producto creativo no debe ser considerado de manera abstracta, sino que es necesario analizar también su significado para el sujeto del propio proceso.

Lo creativo tiene siempre una connotación social, en última instancia el criterio de lo que es o no es creativo, es determinado por otras personas y no siempre directamente, como es frecuente en el caso del miembro de la organización.

Aunque el proceso creativo y su resultado siempre lo produce un miembro de la organización, un sujeto concreto, y constituye una expresión de su personalidad, a veces el juicio sobre el carácter creador de la actividad puede diferirse en el tiempo o no ser comprendido suficientemente por sus contemporáneos.

Unos autores enfatizan en la naturaleza de los productos creativos, otros, en los niveles de implicación alcanzados por los sujetos de la innovación y la creatividad existen potencialmente en todos los seres humanos, y es susceptible de desarrollar, o sea, que no es privativa de los genios, sino que está presente en cualquier ser humano que imagine, transforme o cree algo por insignificante que sea en comparación con las grandes personalidades creativas de la historia.

Esta actividad tiene un carácter eminentemente social, y plantea que si se toma en cuenta la creación colectiva de cada uno de los sujetos creativos, con frecuencia insignificante por sí solas, se observará que ha trascendido a lo largo de los siglos.

Además, es necesario enfatizar la necesidad de la unidad de los procesos afectivos y cognitivos. Debemos considerar que ambos factores son de igual valor para el acto de creación del sujeto; también se señala el carácter socio-histórico de la innovación y la creatividad, ya que la misma no sólo depende de factores psicológicos internos del sujeto, tales como la experiencia anterior, motivaciones y habilidades, sino que, además, depende de las condiciones socioeconómicas del momento histórico que le tocó vivir al ser humano. La innovación y la creatividad existen no sólo para el propio ser humano sino para los demás.

Teorías más recientes plantean que la innovación y la creatividad son características potenciales con la que todos nacemos, éstas se encuentran en cada uno de nosotros y requieren de formación y disciplina mental. Partimos del criterio de que la innovación y la creatividad son potencialidades humanas y que, por lo tanto, al menos en potencia las poseemos todos los seres humanos.

Las concepciones de la innovación y la creatividad como potencialidades inherentes a todos los seres humanos, que pueden y deben ser desarrolladas durante toda la vida, han dado lugar a importantes estudios en relación con las condiciones que favorecen o entorpecen el desarrollo de la innovación y la creatividad.

El criterio de que toda persona es potencialmente creadora ha tenido una importancia relevante para el desarrollo de la psicología y la pedagogía, fundamentalmente en la investigación y el desarrollo de sistemas formativos en esa dirección.

¿Son la innovación y la creatividad producto de lo hereditario y lo biológico o están determinadas por las influencias histórico - sociales y culturales con las que interactúa el individuo?

Los elementos biológicos y hereditarios tienen una importancia extraordinaria en la determinación de capacidades específicas, esenciales para resultados relevantes en algunos tipos de actividad, como por ejemplo, la música y el deporte; sin embargo, los distintos niveles de expresión de la innovación y la creatividad en la inmensa mayoría de las formas de actividad humana, no dependen de estos elementos.

La innovación y la creatividad están determinadas principalmente por el elemento psicológico "conformado en el desarrollo del individuo, en función fundamentalmente de las influencias históricas, sociales y culturales con las que interactúa [el individuo], [...] y lo personológico como forma superior de organización de lo psíquico en su función reguladora de comportamiento." (Mitjáns, 1995)

¿Qué es lo innato y qué es lo adquirido en la innovación y la creatividad?

¿Hasta dónde algo que pensamos que es innato realmente lo adquirió el individuo desde muy pequeño?

Existen miembros de la organización con buen nivel de desarrollo del pensamiento que en ocasiones no son capaces de resolver un problema, debido fundamentalmente a su inseguridad y a su poca persistencia. Algunos no obtienen resultados creativos porque no están suficientemente motivados en determinadas áreas del conocimiento o carecen de la fuerza y la audacia necesarias para mantener sus criterios, a pesar de no coincidir con los demás siguiendo un camino propio.

¿Se puede enseñar al miembro de la organización a ser seguro e independiente? ¿Cómo?

El niño no nace seguro o inseguro, motivado o no hacia un tipo de actividad específica, cuestionador del conocimiento que recibe o receptor pasivo del mismo, independiente o dependiente. De manera que todas estas cualidades se enseñan y se aprenden, se educan y se desarrollan en dependencia de determinadas influencias y fuerzas actuantes, entre las cuales desempeña un importante papel la organización.

No es lo mismo decir a un miembro de la organización ¿Por qué haces eso?, que decir ¿Cómo llegaste a esa respuesta o idea? La segunda variante de preguntar es mucho más rica y profunda, indaga en las alternativas adoptadas y en los procesos que se llevaron a cabo para obtener determinado resultado. Todos podemos ser más expresivos, seguros e imaginativos. Todos podemos ser más creativos e innovadores.

OBSTÁCULOS QUE LIMITAN EL DESARROLLO DE LA INNOVACIÓN

- Asumir posiciones esquemáticas y estereotipadas.

- El temor al ridículo, a ser víctima de sátiras y burlas.

- Impedir la autorreflexión, la liberación de emociones y criterios.

- Impedir la confianza, la autenticidad y el respeto a la individualidad.

- Juzgar constantemente.

- Limitar la expresión espontánea y libre de ideas.

- Mantener la distancia fría entre las personas.

- Señalar los errores.

- Una atmósfera coercitiva.

Estos son algunos factores que entorpecen el desarrollo de la innovación y la creatividad, pueden existir otros, pero pensamos que éstos son esenciales, y la única manera de ser creativos es precisamente tomando conciencia de las barreras u obstáculos del comportamiento creativo.

Resulta interesante que diferentes investigadores, desde posiciones teóricas diferentes y distantes, lleguen a criterios tan semejantes en cuanto a las condiciones que entorpecen y facilitan el desarrollo de la innovación y la creatividad.

Por la importancia de la innovación y la creatividad se usan técnicas para el diagnóstico y se incluyen programas para su desarrollo. Dentro de los más usados se encuentran:

- La educación artística.

- Los cursos para enseñar a pensar.

- Los entrenamientos para la solución creativa de problemas.

- Los juegos creativos.

- Los seminarios vivenciales.

El miembro de la organización muchas veces sin comprenderlo se limita a repetir lo que ha almacenado en la memoria cuando tiene necesidad de usarlo. Si bien todas estas actividades tienden a contribuir a desarrollar aspectos psicológicos importantes implicados en la innovación y la creatividad, en la mayoría de los casos, su adición al plan formativo de la empresa no produce resultados apreciables y duraderos, por su carácter parcial no pueden movilizar el desarrollo del complejo conjunto de recursos necesarios para la expresión creativa del sujeto.

De acuerdo con los resultados de las investigaciones en este campo, es posible aprender a ser creativos e innovadores. Sin embargo, no se trata tanto de enseñar la innovación y la creatividad como de recuperarla. Todos somos creativos al nacer, pero a medida que crecemos comenzamos a perder esta habilidad por la existencia de múltiples factores desestimulantes. La innovación y la creatividad no son congénitas, no son magnitudes inalterables ni valores humanos generales sin referencia histórica concreta, se desarrollan siempre bajo condiciones y relaciones concretas.

Nadie es más creativo que un niño, pero los propios padres nos encargamos de frenar esa creatividad, sancionando aquellos comportamientos que se salen de lo establecido. Quizá el regaño de un padre ha mutilado una idea creativa y original.

Un papel importante en el desarrollo de la innovación y la creatividad lo tiene el desarrollo de la fantasía, la cual es una cualidad muy valiosa y cuya magnitud determina la calidad de las ideas, inventos y descubrimientos.

La innovación y la creatividad requieren la capacidad de fragmentar las experiencias y permitir la formación de nuevas combinaciones espontáneas. En contraste con lo anterior, el aprendizaje requiere la capacidad de combinar o conectar elementos que han estado en contacto entre sí en nuestra experiencia.

Estas capacidades son básicamente diferentes, por lo tanto no van necesariamente juntas; una persona puede poseer una gran capacidad de aprendizaje y no ser creativa; otra puede ser muy creativa pero no distinguirse por su capacidad de aprendizaje.

Las dos capacidades de aprender y fragmentar la experiencia son necesarias para la adecuada solución de problemas. Sin embargo, la segunda de ellas se ha descuidado en los sistemas educativos, debido al énfasis en el estudio de contenidos y en el aprendizaje temático.

DIMENSIONES DE LA INNOVACIÓN

Desde el ámbito profesional, planteamos la necesaria interacción de las diferentes dimensiones que conforman el proceso de desarrollo humano orientado a la construcción y desarrollo del ser en sus semejantes, constituidas en un todo integral y dinámico, en el cual la innovación y la creatividad como uno de los de mayor significación, actuaría además de su papel transformativo y productivo, como un factor cohesionante, dinamizador y proyectivo en la búsqueda de una sólida construcción humana y social.

Estas dimensiones son:

- **Axiológica**

Es esencial comprender los valores y las aspiraciones que motivaron al ser humano a crearlos, sin los cuales un objeto queda desvinculado de su contexto y no se le puede atribuir su verdadero significado. Lo tangible sólo se puede interpretar mediante lo intangible. Aquí se tiene en cuenta el conocimiento, la comprensión y la autonomía.

- **Afectiva**

Consagración e identificación.

- **Cognitiva**

Funcionalidad, habilidad de pensamiento.

- **Laboral**

Elaboración, producción y transformación.

- **Formativa**

Ser, saber y conocimiento profesional.

- **Lúdica**

Disfrute, posibilidad y juego.

- **Participativa**

Dirección y participación. Alimentar la innovación y la creatividad colectiva también significa hallar la forma de ayudar a que los miembros de la organización creen formas nuevas y mejores de convivir, estudiar y trabajar juntos.

Nuestra imaginación social y participativa en el proceso profesional no ha estado a la altura de nuestra imaginación científica y tecnológica.

- **Comunicativa**

Controversia, diálogo, argumentación y comprensión.

- **Urbana**

El entorno urbano está lleno de tensiones creativas dinámicas que surgen de la densidad demográfica y de la proximidad espacial.

La innovación y la creatividad también se manifiestan en la cultura de la vida cotidiana, en la variedad, diversidad y heterogeneidad de las organizaciones, en las pautas de interacción y actividades destinadas a satisfacer los intereses sociales.

En el medio urbano, la mezcla de modos de vida y de trabajo, y formas de expresión tiene un gran potencial de creación e innovación, lo mismo que de conflicto. Por lo tanto, apoyar formas y expresiones nuevas, emergentes y experimentales es invertir en desarrollo humano, económico y social.

La principal fuente de creación la tenemos en lo que nos rodea y en el propio proceso profesional, ¿por qué nos empeñamos entonces en desarrollar la innovación y la creatividad sólo en la escuela o en la universidad?

¿Cuántas cosas de las que sabemos las hemos aprendido en el aula y cuántas cosas las hemos aprendido del medio, de nuestra relación con las demás personas, o en la propia empresa?

La innovación y la creatividad está en la persona que más se vincula con el medio. La vida es el taller de la innovación y la creatividad. Si estamos abiertos a aprender, aprendemos mucho, del medio, de todo lo que nos rodea.

COMPETENCIAS PARA LA INNOVACIÓN

Dada la ausencia casi total de investigaciones acerca de la caracterización de miembros de la organización creativos en el proceso profesional, resulta oportuno encaminar este epígrafe a la determinación de peculiaridades en la estimulación y desarrollo de la innovación y la creatividad.

¿Dónde debe estar el énfasis de la organización? ¿En transmitir conocimientos y desarrollar habilidades generalizadas o en educar la personalidad?

La Pedagogía tiene que abarcar otros horizontes en relación con la estimulación y el desarrollo de la innovación y la creatividad. Por ejemplo, es incuestionable que una correcta comprensión de la dialéctica de la educación colectiva y el desarrollo individual es la base para el desarrollo de la innovación y la creatividad, por lo tanto la educación de los miembros de la organización debe enfocarse con una concepción más individualizada y personalizada.

El problema de la educación y desarrollo de la innovación y la creatividad es el problema de la educación y desarrollo en el individuo, dada su complejidad como proceso de la subjetividad humana.

Por tanto, el énfasis de la formación y los esfuerzos de la organización deben estar encaminados no sólo al perfeccionamiento del proceso de configuración de conocimientos y de desarrollo de habilidades generalizadas, sino a un elemento más medular: el desarrollo y educación de la personalidad integralmente.

La organización debe enseñar a aprender haciendo, en el trabajo y para el trabajo, y enseñar a pensar científicamente, con conciencia económica y productiva.

En este sentido es importante estimular las competencias para la innovación de los miembros de la organización en cada etapa del proceso creativo, cuya sistematización se ha logrado a partir de una investigación realizada en la Universidad del Atlántico bajo la dirección de la Ingeniera Graciela Forero de López (2004).

En la etapa de preparación

Sensibilidad frente a los problemas del entorno e interés por su identificación:

- Interés por interactuar con la realidad y aportar a su comprensión y mejoramiento.

- Habilidad para apreciar la realidad como objeto de estudio y de transformación, utilizando la mayoría de sus sentidos.

- Espíritu reflexivo y crítico frente a las posibilidades que le ofrecen los nuevos saberes para captar los mensajes del medio.

- Habilidad para la identificación creativa de problemas.

- Modo de actuación problémico y creativo: flexible, autentico, imaginativo, soñador, audaz, curioso, original, activo, singular, dinámico, critico, osado, en fin, problémico en sus modos de actuación.

- Habilidades para la apropiada exploración, organización y síntesis de la Información disponible y de la que le suministra directamente el medio.

En la etapa de incubación

Motivación y habilidad especial para la búsqueda, formulación de Ideas y soluciones creativas:

- Motivación para relacionar los conceptos técnicos aprendidos con problemas reales de la vida profesional.

- Espíritu crítico y de indagación para descubrir contradicciones en la

Información que analiza y para identificar diversas variantes y posibilidades de solución a problemas que se le presentan.

- Habilidad en el manejo adecuado de distintos métodos para identificar alternativas de solución creativas (problemas Investigativos, problemas profesionales, problemas de diseño).

- Fluidez y motivación.

- Pensamiento científico y técnico fundamentado en sólidos conocimientos.

- Capacidad para interrelacionar los conocimientos adquiridos con situaciones diversas y en variados contextos.

- Espíritu de búsqueda de soluciones que respondan creativamente al mejoramiento de los problemas, con parámetros de responsabilidad social.

En la etapa de iluminación

- Capacidad para el manejo y aplicación de herramientas y procedimientos que permitan la selección de ideas y productos creativos.

- Seguridad y confianza para expresar sus ideas de manera libre y espontánea.

- Autoconfianza, autoaceptación, una valoración adecuada de las ideas propias y un pensamiento independiente, divergente y seguro.

- Motivación y disciplina para indagar y profundizar por cuenta propia los temas de los cursos y aquellos que despierten su mayor interés.

- Hábitos de responsabilidad para realizar las diversas actividades de manera sistemática y con alta calidad, imprimiéndoles un sello personal e innovador.

- Interés para participar en actividades extracurriculares de diversa naturaleza y referidas a temas variados que amplíen su visión y motiven la generación de ideas creativas.

En la etapa de verificación

- Habilidades en el manejo y aplicación de herramientas y procedimientos reconocidos como de alto nivel para la selección, desarrollo e implementación de ideas y productos creativos.

- Habilidades y manejo de herramientas para la recopilación y procesamiento de la información obtenida.

- Confianza para emitir juicios objetivos y responsables acerca de los resultados logrados en la elaboración de una idea o producto.

- Destrezas para la apropiada manipulación de las herramientas o equipos que le son de utilidad en la ejecución de la idea.

- Persistencia, claridad científica y tecnológica y organización para llevar sus ideas hasta lograr un resultado final satisfactorio.

En la etapa de comunicación

- Habilidades para el manejo de equipos y elaboración de ayudas didácticas que facilitan la transmisión de sus ideas.

- Habilidades comunicativas para la redacción y la expresión oral que le faciliten comunicar en lenguaje apropiado sus ideas.

- Manejo de técnicas y herramientas para presentación y sustentación oral y escrita de los trabajos científicos-tecnológicos.

- Capacidad de síntesis y de argumentación fundamentada en principios científico-tecnológicos.

- Uso de una segunda lengua en la cual pueda comunicar sus invenciones.

En la etapa de validación

- Capacidad de aceptación del error y de las críticas constructivas, como parte del proceso creativo.

- Tolerancia ante el posible fracaso de una idea, como punto de partida para un nuevo inicio.

- Espíritu autocrítico y reflexivo como cualidades necesarias para una adecuada asimilación acerca de las razones por las cuales una idea o producto tuvo o no éxito.

- Perseverancia como principal condición para vencer los obstáculos enfrentados.

- Tenacidad para alcanzar los objetivos propuestos, replanteando las ideas creativamente hasta que sea necesario.

CONDICIONES ORGANIZACIONALES PARA POTENCIAR LA INNOVACIÓN

En la Universidad Pedagógica para la Educación Técnica y Profesional "Héctor Alfredo Pineda Zaldívar", de Cuba, un equipo de investigadores, bajo la dirección de Raquel Bermúdez Morris (1995), ha venido estudiando la innovación y la creatividad en el contexto educacional, específicamente en el proceso pedagógico profesional del nivel medio y superior de la Educación Técnica y Profesional.

Estos autores, a partir de los trabajos realizados en el desarrollo de la personalidad de los miembros de la organización, plantean un modelo integral del proceso pedagógico profesional, que tiene en su base un sistema de condiciones psicopedagógicas que propician el desarrollo de la motivación profesional, el pensamiento flexible, la independencia, la laboriosidad, la persistencia y un aprendizaje profesional más sólido y personalizado.

Estas **condiciones** son:

- Creación de una disposición positiva para el aprendizaje.

- Fundamentalización y profesionalización del contenido.

- Integración sistemática de los componentes académico, laboral e investigativo.

- Problematización de la enseñanza.

- Autorreflexión y autovaloración sistemática de los miembros de la organización.

- Adecuada orientación, ejecución y control de las acciones de aprendizaje.

- Posición activa y transformadora del miembro de la organización.

- Adecuada comunicación pedagógica.

- Creación de un clima psicológico positivo que propicie el intercambio y el debate.

- El líder innovador como director - facilitador del aprendizaje de los miembros de la organización.

La innovación y la creatividad profesional siempre han sido conceptos fugaces, invisibles, para los cuales no hay una definición única, universalmente aceptada, y aunque ofrecimos una definición aproximada y no acabada de éstas, preferimos hablar de una caracterización de la innovación y la creatividad en la empresa. Por lo tanto, no existe un instrumento válido para evaluar la innovación y la creatividad profesional en cualquier tipo de miembro de la organización, no hay un instrumento que pueda ser utilizado para evaluar todos los aspectos significativos de la innovación y la creatividad.

En el estudio de un grupo de miembros de la organización empresarial, evaluados como creadores o con un alto desarrollo, por sus líderes innovadores y gerentes, hemos apreciado algunas características en su actividad que los distinguen del resto de sus colegas, y que nos apuntan hacia un estudio más profundo de los factores que es necesario desarrollar en los miembros de la organización.

Los test no deben ser formas de evaluar la innovación y la creatividad, éstas no se pueden medir estrictamente. Hemos definido indicadores para identificar la innovación y la creatividad, pero no para medirlas (Tipos de preguntas, tipos de respuestas y comportamiento de los miembros de la organización). El test debe reproducir o modelar la situación concreta estudiada, vinculado al área de trabajo en cuestión. De ahí la definición de creatividad profesional, y sus variantes de manifestación, como habíamos dicho, la innovación y la creatividad contable, financiera, tecnológica, etc.

Para identificar las potencialidades creativas de un miembro de la organización es preciso aplicar instrumentos específicos, en correspondencia con la tarea o actividad que desarrolla.

Por ejemplo, en el proceso de aprendizaje de determinado método contable, un miembro de la organización puede lograr modificar y perfeccionar ese método con la innovación realizada, por lo tanto, los logros obtenidos no se limitan al plano personal, sino que rebasan los límites de lo individual y alcanzan el plano social. De esta manera, una invención o también la solución original de un difícil problema contable o financiero pueden evaluarse como creativa.

El carácter innovador y creativo es una exigencia de nuestro tiempo, caracterizado por el cambio continuado de los valores, los conocimientos y las estrategias productivas y económicas. Sin embargo, la innovación no es un fenómeno exclusivo de nuestros días, como tampoco lo es la creatividad. Educar la innovación y la creatividad significa educar para el trabajo (Mitjáns, 1995).

Exigencias didácticas para la estimulación y el desarrollo de la innovación y la creatividad:

- **Desarrollar la innovación y la creatividad en los directivos y líder innovadores:**

Este es el primer requisito, la primera condición, para que sirva de modelo al miembro de la organización. La organización necesita un gerente y un líder innovador creativos, que dirija científicamente la formación de los miembros de la organización con un enfoque de sistema del proceso formativo en función de la innovación y la creatividad.

Hemos constatado que los líderes innovadores altamente creativos generan el desarrollo de una alta creatividad en los miembros de la organización, por lo que creemos necesario capacitar a los líderes innovadoras con bajo nivel de creatividad para que logren desarrollar la innovación y la creatividad en sus miembros de la organización. Lo cierto es que un líder innovador que no es creador no puede enseñar a sus miembros de la organización a ser creadores (Martínez, 1990).

- **Diseñar una estrategia de trabajo metodológico coherente e integradora:**

En la estrategia de trabajo metodológico deben estar implicadas todas las áreas de la empresa y las acciones de todos los líderes innovadoras. El desarrollo de la innovación y la creatividad no ocurre en un momento del proceso formativo, existe durante todo el proceso y en cada uno de los componentes.

La innovación y la creatividad no son un momento, son dimensiones estables que abarcan un largo período de tiempo. Hace falta genio pero realizado en el amor, en la vida, en el trabajo.

Un papel decisivo en la formación de las cualidades de la personalidad del miembro de la organización corresponde desempeñar al líder innovador, quien debe observar las posibilidades reales de cada situación por separado para estimular y desarrollar la innovación y la creatividad en los miembros de la organización. Sin embargo, su transformación en una cualidad estable de la personalidad no puede estar condicionada por una situación aislada, incluso ni por un conjunto de situaciones si no tienen entre sí los nexos necesarios de continuidad.

La innovación y la creatividad no pueden ser desarrolladas mediante los esfuerzos de un solo líder innovador, sino que se requieren acciones coordinadas de todo el colectivo laboral de la organización. El desarrollo de la innovación y la creatividad incluso atañe a todas las fuerzas sociales de la sociedad: además de las organizaciones educativas y las entidades productivas, deben participar en este proceso las organizaciones juveniles, políticas, la familia y la comunidad. Esta es una tarea de carácter social general que rebasa los límites de la formación en las organizaciones educativas.

- **Estructurar los componentes formativo, laboral e investigativo en forma de sistema, en función de los principios más elementales de activación de la formación:**

El perfeccionamiento de las estrategias formativas contribuye a activar el aprendizaje de los miembros de la organización, pero esto no resulta suficiente para desarrollar la innovación y la creatividad, sino que es necesario emplear dichas estrategias en forma de sistema, con una concepción formativa desarrolladora.

Las estrategias participativas de aprendizaje de la innovación deben emplearse en la organización, en actividades innovadoras, productivas y de investigación, sólo así contribuirán al desarrollo de la innovación y la creatividad de los miembros de la organización.

Las estrategias formativas deben emplearse en forma de sistema, con una concepción formativa desarrolladora, que estimule el intelecto y el razonamiento. El líder innovador debe propiciar la originalidad en el proceso de aprendizaje. La actividad innovadora debe propiciar la fantasía y la imaginación creadora a partir de la combinación de imágenes e ideas, las analogías y las asociaciones.

Para desarrollar la innovación y la creatividad es importante utilizar imágenes, metáforas, tratar de fundir dos conceptos diferentes en una nueva realidad, explicar lo desconocido a partir de algo conocido.

Debe promocionarse la elaboración de algo nuevo y su aplicación práctica.

Debe estimularse la elaboración de preguntas y de respuestas con relación al contenido innovador que se trabaja, propiciando la elaboración de hipótesis y la comprobación de las mismas por vías no tradicionales.

El líder innovador debe propiciar la reflexión y el razonamiento divergente y flexible. En todo momento debe estimularse la búsqueda de nuevas ideas, procedimientos y estrategias que se alejen de los que se usan comúnmente. La actividad innovadora debe propiciar la búsqueda, detección y planteamiento de problemas, deben estimularse diversas alternativas de solución de los mismos, gracias a la generación de proyectos y tareas innovadoras.

Debe instarse a los miembros de la organización a completar ideas, esbozos, y expresarlos verbalmente, unido a la complejización creciente de las tareas a desarrollar. Debe trabajarse para ir formando la tolerancia a la ambigüedad.

- **Implicar al miembro de la organización en su propio proceso de aprendizaje innovador:**

Los miembros de la organización deben ir recibiendo progresivamente responsabilidad sobre su propio aprendizaje innovador. Ellos necesitan llegar a darse cuenta que sólo pueden aprender si lo hacen por sí mismos y que desarrollarán habilidades creativas en la medida en que se impliquen a sí mismos, activa y voluntariamente, en el proceso formativo.

Una condición esencial para que el miembro de la organización desarrolle y optimice la utilización de sus recursos en metas que le sean propias, es precisamente el carácter activo con que él aborde su proceso de preparación cultural. Otro de los cometidos de la formación creativa sería, pues, el de explicar a los miembros de la organización que es necesaria una determinada actitud para el aprendizaje creativo: el miembro de la organización debe saber que de él se espera creatividad e innovación (Landau, 1987).

El miembro de la organización debe ser considerado sujeto del proceso de aprendizaje innovador; de manera que él esté consciente del papel que debe jugar en su propio aprendizaje y de la necesidad que tiene de ser creativo, con el fin de que se esfuerce en buscar soluciones creativas, mediante la acción del líder innovador como mediador-facilitador del aprendizaje creativo.

Si el miembro de la organización no está implicado en algún grado en la actividad, que ésta tenga algún sentido para él, difícilmente podamos desarrollar intereses cada vez más sólidos, y mucho menos podrá plantearse proyectos y descubrir problemas; elementos que constituyen expresión de la innovación y la creatividad.

Todo miembro de la organización puede ser creativo si se lo propone, si se interesa, si se motiva, si tienen en cuenta su criterio, si participa en la solución de problemas, si adquiere habilidades generalizadas y las domina de manera consciente, si define el objetivo que se deriva de la solución de los problemas; porque el miembro de la organización no es ajeno al objetivo, no está al margen de éste, ese es precisamente su aporte en el trabajo, es su producción, su resultado y su creación. "Y aún más, el objetivo de ser creativos debe ser trabajado de forma particular para que los miembros de la organización lo asuman en la mayor medida posible. Es importante lograr que de forma consciente se planteen expectativas y proyectos con relación al desarrollo de su propia creatividad." (Mitjáns, 1995)

El papel del líder innovador aquí se reduce a proporcionar oportunidades para que los miembros de la organización decidan lo que necesitan saber, y les ayuda a desarrollar estrategias para encontrarlo o resolverlo de una manera creativa. Por lo tanto, el líder innovador debe aprovechar la experiencia personal del miembro de la organización, esto es esencial en la educación creativa, en todos los niveles y en todas las asignaturas.

Esta experiencia es una parte crucial del contenido a procesar por el miembro de la organización, quien tiene que aplicarla, analizarla y evaluarla.

La innovación y la creatividad se aprehende, se configura por la propia personalidad, no se desarrolla por imitación, los miembros de la organización no van a ser creativos por el mero hecho de que su líder innovador lo sea, es necesario que el miembro de la organización participe, que esté implicado en su propio proceso de aprendizaje; y esto sólo se logra si el líder innovador aplica técnicas que la provoquen, si respeta la persona, si respeta la individualidad, si aplica un estilo participativo, alternativo y emergente.

El miembro de la organización deber estar implicado en actividad concreta para que desarrolle su creatividad. Cuando se hace algo por el gusto propio, por placer, porque se está motivado, entonces se obtendrá un producto creativo, pero si se le da una dimensión externa, entonces puede mermar la innovación y la creatividad. De ahí que sea importante trazar estrategias metodológicas que motiven al miembro de la organización, que lo impliquen en el proceso, para que sea realmente creativo.

- **Formar hábitos de trabajo y aplicar técnicas que lleven al descubrimiento, a la investigación y al estudio:**

Las técnicas de investigación son las que preparan para la autoeducación. Esto implica que el líder innovador debe ser capaz de adentrarse junto a sus miembros de la organización por caminos desconocidos también para él.

El líder innovador no debe ser autoritario ni asumir una posición de poder; por el contrario, debe manifestar amplitud de criterios, ser flexible, aceptar las ideas de los miembros de la organización, aun cuando éstos piensen diferente a él; no imponer su criterio y permitir la libre expresión de ideas, luchar por eliminar o atenuar los obstáculos y resistencias que surjan en el grupo o en algún miembro de la organización. Debe ser emprendedor, tratar de no perder nunca el buen humor, actuar con jocosidad y dominar las técnicas del trabajo en grupo.

- **Crear un ambiente que estimule el desacuerdo y provocar la duda en el miembro de la organización:**

Es necesario utilizar el desacuerdo de manera constructiva, desarrollando el proceso profesional con un enfoque problémico. El líder innovador debe provocar la duda en el miembro de la organización, así como el cuestionamiento de la realidad con vistas a su transformación y acercar el aprendizaje a los problemas que los miembros de la organización sientan como reales.

Hay que estimular un comportamiento activo y transformador de la realidad, impulsar el cuestionamiento, la movilidad y el cambio de lo existente, de lo tradicional y convencional, y estimular de una manera especial la corrección y transformación de la realidad. El líder innovador debe apoyar y estimular el enfrentamiento a los obstáculos que impiden la concreción de las ideas nuevas y la búsqueda de las vías para eliminarlos consecuentemente.

- **Desarrollar habilidades para plantear y resolver situaciones problémicas:**

Otras dos importantes expresiones de creatividad en el proceso profesional son el planteamiento de problemas y la problematización y cuestionamiento de los propios contenidos innovadores. La solución de problemas es para muchos autores la vía principal por la que se manifieste la innovación y la creatividad. La solución de problemas desde el punto de vista creativo constituye el principal foco de atención de este libro.

La solución de problemas como metodología de trabajo puede aplicarse en todas las áreas de la empresa. La solución de situaciones problémicas debe implicar la valoración de varias opciones, ofreciendo las verdades no como conocimientos acabados, sino despertar la curiosidad en el miembro de la organización y conducirlo a niveles diferentes, mostrarle las contradicciones de la actividad que realiza.

Para lograr esto es importante darle participación al miembro de la organización en la elaboración de los objetivos y tareas de aprendizaje innovador, vinculándole al mismo tiempo los contenidos y las actividades innovadoras con la realidad social, con su experiencia personal.

Es necesario plantearle al miembro de la organización tareas atractivas y significativas para resolver en la actividad innovadora y fuera de ella. Ahora bien, ¿Resolver problemas en grupos o de manera individual? Las condiciones en que tiene que desarrollar la innovación y la creatividad el individuo concreto en la vida real, no son, por regla general, las que caracterizan a los grupos constituidos para la solución creativa de problemas en un espacio formativo. No obstante, la inserción de las técnicas para la solución creativa de problemas en grupo, en el marco de la organización, puede contribuir a solucionar creativamente problemas de la vida y la sociedad, además, puede constituir un importante factor de motivación hacia el propio proceso de aprendizaje innovador.

Desde hace ya algún tiempo se considera que no sólo quien solucione un problema, sino quien sea capaz de descubrirlo y plantearlo, es una persona creativa. De ahí que donde quiera que haya un problema esté escondida la posibilidad real y tangible del desarrollo de la innovación y la creatividad. "Es más importante descubrir problemas que resolverlos, una psiquis que problematiza su realidad se anticipa a las futuras experiencias, y por tanto puede dar mejores respuestas a los problemas de la vida cotidiana que se presentan." (Betancourt, 1994)

De manera que encontrar un problema, es decir, descubrirlo, formularlo, plantearlo "representa un acto creativo perfectamente distinguible, y de igual o mayor valor que el hallar una solución." (González, 1990). El descubrimiento es una manifestación de creatividad. Por lo tanto, el líder innovador debe enseñar a plantear problemas, no enseñar soluciones ni respuestas. Es más importante la pregunta que la respuesta, hay que hacer interrogantes a los miembros de la organización.

Cuando se trabaja con espíritu de creatividad hay una interrogante, un problema a solucionar, pero no hay una respuesta única, hay varias, las que se dan en el momento y las que están por aparecer. El miembro de la organización debe saber encontrar problemas, saber definirlos y formularlos y saber trazar la estrategia para su solución.

- **Tratar con respeto las ideas y preguntas insólitas:**

El líder innovador debe reconocer el valor de las ideas de los miembros de la organización, y plantear proposiciones que contrasten con los conocimientos previos que el miembro de la organización posee. Hay que propiciar un clima creativo en la actividad innovadora, lo cual implica propiciar la generación de ideas y su libre expresión, así como estimular las ideas nuevas y originales, los modos no comunes y convencionales de analizar las cosas. La imaginación desempeña un importante papel en la innovación y la creatividad.

También es importante respetar las ideas e iniciativas personales, evitar la evaluación crítica inmediata de las ideas expresadas y aplazar para un momento posterior dicha valoración; por otro lado, es necesario estimular la participación del miembro de la organización en los debates, propiciando que aparezcan vivencias afectivas positivas en el proceso, es decir, el disfrute y satisfacción personal en el proceso creativo. Hay que felicitar por los éxitos y no resaltar tanto el fracaso, con el fin de eliminar las inhibiciones, las barreras, las resistencias y los esquemas.

Hay que enseñar a los miembros de la organización a aprender de los errores. Los adultos aprendemos, adquirimos experiencias debido a los errores, nos equivocamos y toleramos nuestras equivocaciones, sin embargo, a los miembros de la organización los sancionamos por el error, damos mejor calificación al que se equivoque menos, y peor calificación al que se equivoque más.

- **Desarrollar capacidades comunicativas y organizativas:**

Las capacidades comunicativas y organizativas deben encaminarse a asimilar racionalmente y a aplicar operativamente para la regulación y autorregulación de la actividad del miembro de la organización. Es necesario propiciar el desarrollo de una autoconciencia y autoestima adecuadas, para lograrlo es importante crear en la actividad innovadora y fuera de ella, la posibilidad de que el miembro de la organización autorreflexione en los contenidos y funciones psíquicas implicadas en el proceso creativo, estimulando la autovaloración sistemática de forma adecuada, apoyada en una evaluación integradora de los logros que va alcanzando el miembro de la organización.

En esta evaluación debe dársele al error el valor heurístico que tiene realmente en el proceso del conocimiento y en la solución creadora de los problemas, por lo que se le debe aclarar al miembro de la organización que esto constituye en ocasiones un paso necesario para alcanzar la solución deseada.

El proceso profesional, por tanto, debe ser abierto. El líder innovador enriquece el pensamiento del miembro de la organización al desarrollar su actividad innovadora de manera que influya en el estilo del pensamiento del mismo, provocando que él piense y que lo siga.

El trabajo conjunto líder innovador - miembro de la organización debe conducir al descubrimiento del conocimiento como vía para la formación de la personalidad creadora, a fin de hacer realidad la idea de José Martí al decir que no se sabe bien sino lo que se descubre. Profesionalizar de esta manera permite desarrollar y robustecer la confianza del miembro de la organización en sí mismo, así como darle seguridad, elementos importantes en la formación de una personalidad independiente y creativa.

INDICADORES PARA EVALUAR LA CAPACIDAD DE INNOVACIÓN

- Calificación.

- Científico, reflexivo, creativo.

- Comprometido con su entorno.

- Desarrollo de las competencias profesionales.

- Honestidad.

- Integralidad.

- Preparación en el ámbito cultural.

- Responsabilidad.

- Sensible con las preocupaciones de los demás líderes innovadores y de los miembro de la organización.

- Sólida formación científica, artística, técnica y humanística.

Desde el punto de vista pedagógico, es necesario introducir en los diseños curriculares una nueva lógica: la de satisfacer las necesidades básicas de aprendizaje (NBA) pertinentes para el desempeño en los diferentes ámbitos de la sociedad. Ahora es más evidente la necesidad de pensar la formación desde las competencias requeridas por los sujetos y la organización, es decir, superar el enfoque tradicional centrado en una oferta educativa desvinculada de las demandas de la sociedad.

Esto implica ampliar el número de actores sociales que definen los objetivos del proceso formativo y diseñar modalidades que formen individuos creativos y solidarios; que se comuniquen tanto en forma oral como por escrito, que sean capaces de identificar problemas profesionales y buscar información pertinente y que opten con racionalidad entre alternativas.

Las respuestas a este desafío exigen fortalecer el rol profesional de los líderes innovadores y gerentes, disponer de materiales adecuados y estimular el apoyo de los miembros de la organización. Las organizaciones autónomas reclaman personal más profesional que pueda superar lo que hizo hasta ahora, en especial, la aplicación del modelo frontal, en que el líder innovador habla y los miembros de la organización escuchan pasivamente.

Una política de mayor profesionalización supone eventualmente, incrementos substanciales en los salarios; maneras diferentes de encarar la formación continua; capacidad para guiar procesos formativos que den atención personal; crear talleres para la formación permanente en servicio; mayor autonomía de los líderes innovadores para decidir entre procesos alternativos;

tomar decisiones sobre uso de los recursos y aplicar modalidades confiables de evaluación de resultados.

Entre las iniciativas formativas que ponen énfasis en elevar el rendimiento del miembro de la organización, destacan las innovaciones destinadas a lograr una participación protagónica de ellos en verdaderas experiencias de aprendizaje profesional y las que favorecen un rol más profesional de los líderes innovadores al reducir el tiempo que dedican a dar información rutinaria gracias al uso de elementos tales como guías de autoaprendizaje, materiales de aprendizaje y estrategias formativas pertinentes.

Muchos de estos proyectos formativos utilizan el conocimiento profesional previo de los miembros de la organización y el contexto local; usan modalidades de trabajo en grupo para los miembros de la organización y dan perfeccionamiento grupal permanente a los líderes innovadores en talleres autogestionados.

Las experiencias de evaluación de los resultados, sea mediante pruebas de medición de rendimiento en algunos casos o estableciendo sistemas más amplios de evaluación en otros, constituyen una importante estrategia para una mejor calidad del profesional.

DECÁLOGO DEL LÍDER INNOVADOR

Audacia en el proceso profesional, utilizando una variada y actualizada bibliografía y asumiendo posiciones riesgosas, con iniciativa, independencia y autonomía.

Autodesarrollo en el plano científico y profesional, participación en los diversos eventos laborales y científicos con los miembros de la organización, preocupándose por el desarrollo de cada uno de ellos, mostrando sensibilidad humana y medioambiental.

Dinamismo y variedad de actividades interesantes en la actividad innovadora, logrando actividad en la misma y un papel protagónico de los miembros de la organización.

Divergencia en el acto laboral, planteando contradicciones y conflictos a los miembros de la organización, realizando autorreflexiones sistemáticas acerca de los productos de su actividad innovadora y de los miembros de la organización, utilizando aspectos novedosos para interesarlos.

Flexibilidad en el trabajo innovador y libertad de acción en el diseño laboral, aceptando opiniones, críticas o comentarios de los miembros de la organización.

Objetividad: Ser claro y preciso en el desarrollo de sus actividades innovadoras, tener un conocimiento profundo de la esfera de su acción laboral y del programa que desarrolla, tener seguridad científica y profesional.

Originalidad en su proyección profesional y desarrollo imaginativo de su labor innovadora, haciendo interesantes sus actividades innovadoras con elementos poco comunes y curiosidad.

Pasión y arte en su labor profesional, que le permita transformar su práctica laboral a partir de un enfoque dialéctico.

Persistencia y tenacidad en sus esfuerzos, búsqueda de nuevas vías de salvación ante un obstáculo, inconformidad con los logros alcanzados, satisfacción por los éxitos; insistencia en ideas pedagógicas que defiende aunque las circunstancias no le favorezcan.

Solidez de criterios laborales, fundamentando y argumentando todo lo que hace en la actividad innovadora, con confianza en sí mismo.

CAPÍTULO III

EVALUACIÓN DE LA CAPACIDAD DE INNOVACIÓN CREATIVA

INDICADORES IMPLICADOS EN LA INNOVACIÓN CREATIVA

La problemática de la educación de los sujetos creativos e innovadores es muy controvertida pues existe tanto aceptación como rechazo en los sentimientos y prácticas de las personas. Es un terreno polémico desde el punto de vista conceptual, axiológico y metodológico; existen diversos puntos de vista acerca de su conceptualización, identificación, estimulación y desarrollo.

Los diversos autores valoran una serie de características generales y particulares que debe mostrar un individuo para que sea creador, algunos las definen como capacidades, otros como habilidades y los terceros simplemente las llaman rasgos.

Entre ellos se encuentran los siguientes:

- Capacidad para descubrir lo nuevo, de ver nuevas relaciones.

- Capacidad para reestructurar las cosas.

- Curiosidad.

- Eficacia.

- Espontaneidad.

- Excentricidad.

- Flexibilidad.

- Gusto por el cambio.

- Independencia.

- Libertad.

- Originalidad.

- Pensamiento divergente.

- Perseverancia.

- Productividad.

- Sensibilidad.

- Temeridad para desafiar lo complejo.

- Tenacidad.

En estos criterios se advierten elementos positivos y otros que no lo son. La orientación debe ser valorar las actitudes, los rasgos, los sentimientos, las capacidades, las habilidades en un sentido positivo, ya que se trata de algo que tiende a lo nuevo, al progreso. De esta manera, es muy acertada la valoración de Lerner (1981) cuando parte de la combinación de una serie de capacidades generales y específicas para llegar a concretar determinados rasgos más precisos, como por ejemplo:

- Amor al trabajo.

- Concentración en lo esencial.

- Construir estructuras complejas a partir de las simples.

- Dominio de los hechos.

- Dominio de los principios.

- Flexibilidad.

- Franqueza.

- Honradez.

- Independencia.

- Ingeniosidad.

- Intuición.

- Inventiva.

- Originalidad.

- Pensamiento divergente.

- Rápida capacidad de aprendizaje.

 Las que considera más concretas son:

- Calcular alternativas de solución a un problema.

- Crear un enfoque nuevo.

- Rechazar lo conocido.

- Ver la estructura de un objeto.

- Ver nuevas funciones en los objetivos y fenómenos.

- Ver un nuevo problema.

Se dice que la génesis de la innovación y la creatividad es poco conocida. Guilford (1991) formula hipótesis en función de sus posibles componentes:

- Capacidad para manejar un gran número de ideas relacionadas entre sí.

- Flexibilidad mental (adaptarse a diversas situaciones).

- Fluidez de pensamiento (plantear mayor número de ideas nuevas).

- Habilidad de analizar y sintetizar (para desintegrar estructuras y utilizar sus componentes en nuevos matices).

- Sensibilidad ante los problemas (identificarlos rápidamente).

Por otra parte, en los estudios de creatividad más conocidos que tienden a aislar las características de los individuos creativos, se destacan muchos indicadores tanto cognitivos como afectivos y volitivos expuestos por la Dra. Martha Martínez Llantada (1993, 1995, 1997).

Indicadores cognitivos implicados en la innovación creativa

- Alto grado de inteligencia.

- Combinación de la información percepción, intuición, imaginación, la abstracción y la síntesis.

Indicadores afectivos y volitivos de los líderes innovadores creativos

- Curiosidad intelectual.

- Elaboración activa de conflictos.

- Entrega a la tarea.

- Motivación intrínseca.

También se encuentran otros más difíciles de enmarcar en una esfera específica de la personalidad como:

- Apertura a la experiencia.

- Osadía.

- Perseverancia.

- Sensibilidad.

- Tolerancia a la ambigüedad.

- Versatilidad.

De lo anterior se infiere que **para ser innovador creativo se necesita**; según Martha Martínez Llantada (1995):

- Flexibilidad, fluidez, y originalidad para descubrir y resolver problemas.

- La perseverancia, la motivación y los intereses.

- Realizar una actividad intensa en un área específica donde se logren altos resultados.

- Un desempeño excepcional.

- Un grado determinado de inteligencia en un área específica del saber.

¿Cómo se puede ser más creativo? ¿Concientizándonos de la necesidad de crear o teniendo cierto instrumental para asumir este reto?

¿Cómo hacer una enseñanza más creativa y motivadora? ¿Es posible evaluar la innovación y la creatividad? ¿Cómo hacerlo?

Muchos de los aspectos de los que se abordan en este capítulo bastarían por sí solos para hacer un libro, pero la finalidad del autor no fue ofrecer todas las respuestas, sino más bien realizar algunas de las preguntas que consideramos esenciales y dar inicio al debate y la reflexión. De esta manera, sin pretender respuestas acabadas a estas preguntas esbozaremos, en los capítulos que siguen, las consideraciones y descubrimientos que nos permiten fundamentar la necesidad de trabajar los problemas de enseñar a pensar y a crear desde un enfoque personológico, como lo ha denominado Albertina Mitjáns (1995).

¿Qué implicaciones tiene el enfoque personológico para la práctica formativa de la capacidad de innovación? ¿Desarrollar procesos del pensamiento o recursos psicológicos?

Las estrategias, programas y técnicas para enseñar a pensar y a crear tienen que incluir acciones dirigidas al desarrollo de los procesos de pensamiento o a elementos específicos de la innovación y la creatividad, pero, además, deben incluir acciones dirigidas a desarrollar los recursos psicológicos que hacen posible su expresión real.

CARACTERIZACIÓN DE LÍDERES INNOVADORES CREATIVOS

- Descubre contradicciones en la actividad que desarrolla y las diversas variantes y posibilidades de solución.

- Es capaz de plantear hipótesis y problemas de investigación, seleccionar métodos de investigación y participar activamente en actividades innovadoras.

- Es concreto, real, objetivo, se concentra en lo fundamental, determina los nexos esenciales del contenido y las invariantes de habilidades.

• Es firme en sus juicios, sólido en sus criterios, profundo en sus valoraciones y maduro en sus opiniones.

• Es flexible, auténtico, imaginativo, soñador, audaz, curioso, original, tenaz, activo, singular, dinámico, crítico, osado, en fin, problémico en sus modos de actuación.

• Le atrae descubrir lo nuevo, interpretarlo, asimilarlo y generalizarlo.

• Muestra autoconfianza, auto-aceptación, una autovaloración adecuada y un pensamiento independiente, divergente y seguro.

• Se motiva ante determinadas tareas innovadoras que implican esfuerzos mentales y exigen un mayor nivel de razonamiento y de inmersión en procesos creativos.

INDICADORES PARA IDENTIFICAR Y EVALUAR LA CAPACIDAD DE INNOVACIÓN CREATIVA

La intención del presente epígrafe es presentar una síntesis sobre los distintos indicadores de la innovación y la creatividad, proporcionando mediante un instrumento la posibilidad de establecer un perfil diagnóstico personal de manera cuantificable para el usuario, fundamentado en los estudios precedentes sobre el pensamiento, la conducta y el comportamiento creador.

Para evaluar estas capacidades creativas se podrán tomar dichos elementos calificando su nivel y su estado de desarrollo.

Para tal fin se establecen dos formas para identificar la capacidad de innovación creativa:

1. Un primer nivel a manera de perfil, donde el sujeto a evaluar, de manera propia y autónoma determina su tipología de pensamiento y comportamiento sobre una situación de la cotidianidad por medio de un cuestionario.

Este perfil permite una reflexión consciente, de las fortalezas y debilidades del sujeto, apreciando por cuenta propia el rasgo de sus actuaciones en una evaluación interactiva sobre los diferentes indicadores. Teniendo en cuenta que este tipo de instrumento se fundamenta en una respuesta personal sobre la cotidianidad de uso de los rasgos sobre los distintos indicadores, desde la perspectiva del sujeto evaluado, el perfil es claramente visualizado como una posición subjetiva reflexiva.

2. Un segundo nivel de evaluación es el relativo a la identificación de habilidades, capacidades, cualidades cognitivas, intelectuales y personales; este test se fundamenta en la habilidad resolutoria del individuo.

Permite una neutralidad participativa del usuario y un dominio del evaluador sobre el instrumento. Califica los niveles creativos en cuanto a los diferentes indicadores, aisladamente sin intervención del evaluado.

Basándonos en la diversidad de indicadores descritos y con la expectativa de involucrarlos en lo posible en su totalidad desarrollando un instrumento en el primer nivel; se han reagrupado los indicadores señalados en varios parámetros, a partir de la coincidencia y divergencia de los distintos autores y experimentaciones personales de fortalecimiento y diagnóstico, realizadas en los medios educativos.

Se han sistematizado 14 indicadores creativos que a consideración del autor son los más relevantes y sintetizan los diferentes listados extraídos del panorama del capítulo anterior.

Los indicadores a desarrollar y evaluar son los siguientes:

- Originalidad.

- Iniciativa.

- Fluidez.

- Divergencia.

- Flexibilidad.

- Sensibilidad.

- Elaboración.

- Autoestima.

- Motivación.

- Independencia.

- Pensamiento técnico.

- Innovación.

- Invención.

- Racionalización.

A continuación se explican los indicadores:

❖ **ORIGINALIDAD:**

Definición

Es la capacidad del individuo para generar ideas y/o productos cuya característica es única, de gran interés y aportación comunitaria o social.

Parámetros

- Imaginación (creación mental de nuevas realidades).

- Manifestación inédita (descubrir algo no conocido).

- Novedad (apartarse de lo habitual).

- Singularidad (lo único apropiado y genuino).

Desarrollo

La técnica y la tecnología por naturaleza contemplan la originalidad y requieren por esencia para su manifestación de expresiones novedosas y genuinas en sus concepciones. La originalidad requiere de especialidad y desprevención; es necesario un conocimiento para generar otro y amplitud de rango en el pensamiento para la creación.

Perspectivas

En la medida que se den acciones y resultados originales el mundo cambia, se transforma, se renueva. La importancia de la originalidad radica en ser fuente de recurso para el ser humano. La originalidad está íntimamente relacionada con el concepto de evolución; un nuevo descubrimiento, una nueva creación, un nuevo significado, es un nuevo paso en el trayecto evolutivo de la especie humana, cada descubrimiento, creación o significado, serán la base para nuevas realidades y éstas para otras nuevas.

Barreras

- El apego a las costumbres, a la normalidad y al convencionalismo.

- La burla, el descrédito y la represión a las "locuras", a lo informal, a lo nuevo.

- Los adultos no asimilan la producción original y expresión divergente de las manifestaciones infantiles, desalentando a los menores.

Formas de estimulación

- La realización de concursos y actividades de innovación, ingenio e inventiva, cambiando patrones, marcos de referencia y paradigmas.

- La reflexión de actitudes, comportamientos y hábitos de conducta cotidiana, en las diferentes actividades y funciones del ser humano, buscando formas nuevas de respuesta y solución.

❖ INICIATIVA:

Definición

Es la actitud humana para idear y emprender actividades, para dirigir acciones, es la disposición personal para protagonizar, promover y desarrollar ideas en primer término.

Parámetros

- Anticipación (capacidad de previsión y visualización).

- Intuición (percepción anticipada, orientación preconsciente).

- Liderazgo (acción de gestión y conducción).

- Naturalismo (expresión de espontaneidad e improvisación de calidad).

- Vanguardia (acción y reacción inmediata, liderar procesos).

Desarrollo

La educación y la administración empresarial han ideado nuevos modelos innovadores: constructivismo, calidad total, prospectiva y planeación estratégica. Todos ellos incorporan un elemento en común: la iniciativa como factor de desarrollo y de cambio. La iniciativa en la gestión económica, social y tecnológica ha determinado acercamientos, convivencias, armonía y logro en distintas acciones de significación universal.

Perspectivas

Al poseerse iniciativa se generan con agilidad las acciones, se cuenta con recursos inmediatos, con capacidad libre de respuesta y resolución. La iniciativa genera dinamismo y actividad, competencia y recursos para la acción.

Barreras

- El desequilibrio de los afectos, la inestabilidad grupal y personal y la desconfianza generalizada.

- El miedo al fracaso, al ridículo y al rechazo, la apatía y la falta de entusiasmo.

- La envidia del ser humano fruto de una frustración e inseguridad.

Formas de estimulación

- Educación en valores de convivencia y análisis reflexivos personales de fortalezas y debilidades. Reconocimiento de la condición y la acción humana y el papel del ser humano en la sociedad.

- La expresión conceptual mediante la representación improvisada y laboratorios de simulación de acciones.

- La formulación permanente de retos, competencias grupales de solución creativa de problemas, dinámicas participativas, ejercicios de agilidad y espontaneidad de reacciones.

❖ **FLUIDEZ:**

Definición

Es la capacidad para producir ideas en cantidad y calidad de una manera permanente y espontánea. Es el proceso de generación de descubrimientos que no se interrumpen. Es la productividad del pensamiento en la búsqueda de contradicciones y la solución de problemas.

Parámetros

- Expresión (capacidad de percibir el mundo y expresarlo).

- Postjuicio (creación libre de requisitos).

- Repentismo (rapidez para responder situaciones imprevistas).

- Variedad y agilidad de pensamiento funcional, relaciones sinápticas.

Desarrollo

Las comunicaciones, el transporte, el marketing, la educación y la gerencia empresarial han generado múltiples y diversas formas de expresión. La ingeniería muestra la variedad y versatilidad de los instrumentos, sería interminable la lista de aparatos y dispositivos de medición que el ser humano tiene a su servicio.

Perspectivas

La búsqueda de alternativas y la variedad de soluciones a un reto permite comparar, analizar puntos de vista diferentes, avizorar posibilidades, aporta mayor objetividad en la selección y elección. Su importancia se centra en la disponibilidad y amplitud de recursos para la solución de problemas.

Barreras

• El afán desmedido de ser prácticos, aferramiento a ideas base y la dificultad de percibir relaciones remotas o de investigar lo obvio.

• El constante "aterrizamiento" al que nos vemos obligados desde nuestra infancia, la imperativa adaptación a las rutinas diarias, el hábito incontrolado, la ansiedad y mediatez de las soluciones.

Formas de estimulación

• Ejercitación constante del pensamiento en función de solución de retos, en la búsqueda de mayor cantidad de ideas insólitas como convencionales que solucionen problemas.

• Ocupar permanentemente la mente en búsqueda de diferentes alternativas, en el uso de diferentes métodos, en la asociación nutrida y permanente de ideas.

❖ **DIVERGENCIA:**

Definición

Es la capacidad del individuo para analizar lo opuesto, para visualizar lo diferente, para contrariar el juicio, para encontrar caminos diferentes. La divergencia es el tránsito por las ideas de la problematización.

Parámetros

• Espíritu crítico (búsqueda y contraposición de argumento)

• Metodologías alternativas (posibilidad hacia nuevos paradigmas).

• Pensamiento lateral (alternativa de llegada y de encuentro).

• Reflexión (reconsideración del pensamiento).

Desarrollo

La ampliación del conocimiento se ha basado en buena parte en la acción divergente. Producto de la convicción y la visión de caminos y alternativas se han generado innumerables invenciones y descubrimientos. Las ciencias han sido por excelencia divergentes, es casi un requisito para nuevos proyectos y productos.

Perspectivas

La divergencia proporciona la duda, el examen, la reflexión y el análisis desde diversos ángulos y diferentes ópticas. Busca campos de acción diferentes y nuevas salidas, es un método de liberación al método. Estimula la visualización y la inconformidad, transforma el problema en retos. Fortalece la objetividad al escudriñar aspectos no comunes, contrarios o diferentes, proporciona dinamismo al análisis. La divergencia permite visualizar desde los márgenes, el interior y el exterior de un problema.

Barreras

- El conformismo, el convencionalismo, el mal hábito y el conductismo.

- El miedo a la confrontación y a la argumentación antagónica.

- La inconformidad, el matiz, la contravía y la alternativa.

- La persona divergente es aislada, sancionada socialmente, discriminada y eliminada.

Formas de estimulación

- Desarrollo de situaciones no convencionales.

- Diseño de elementos en condiciones no acostumbradas.

- Ejercicios de simulación, nuevos usos y creación de objetos insólitos.

❖ **FLEXIBILIDAD:**

Definición

Es la capacidad del individuo para organizar los hechos dentro de diversas y amplias categorías. Es la capacidad de modificación, de variación en comportamientos, actitudes, objetos, objetivos y métodos.

Parámetros

- Argumentación (apertura y confrontación de ideas, globalización y pluralismo).

- Proyección (capacidad de delinear y afrontar el futuro).

- Reflexión (volver a examinar).

- Versatilidad (amplitud de criterio y facilidad de adaptación).

Desarrollo

El individuo gracias a su flexibilidad ha producido transformaciones, las grandes invenciones en buena parte se han caracterizado por la ruptura de los paradigmas, métodos y orientaciones de los planteamientos iniciales, en busca de nuevos caminos y fronteras no satisfechos con las fronteras existentes. Los momentos de desarrollo tecnológico han implicado esta flexibilidad para pasar de soluciones y hechos consagrados, a la posibilidad de nuevas formas y maneras de conocimiento.

Perspectivas

La flexibilidad es importante por la objetividad de apreciación para la toma de decisiones. Una respuesta producto del análisis de diferentes alternativas, enfoques y perspectivas, tiene la posibilidad de ser más acertada que una respuesta vista desde un solo ángulo. Una respuesta es más objetiva por la oportunidad de la confrontación y el examen de la argumentación. La flexibilidad provee distintas perspectivas y caminos, es una fuente de recursos y pilar creativo.

Barreras

- La ausencia de convivencia, afecto, comprensión y solidaridad, la paralización del pensamiento, el sectarismo, la prevención y la hostilidad.

- Los estereotipos predominantes en nuestro medio, los hábitos no fijados y el enfatizado conductismo a lo largo de los procesos de desarrollo y de educación.

Formas de estimulación

- Búsqueda de argumentos para los diversos factores de un hecho.

- Búsqueda de diversidad de asociaciones sobre un hecho u objeto.

- Enumeración de la variedad de consecuencias sobre una acción específica.

- Riqueza de argumentación sobre un hecho o alternativa de solución.

❖ **SENSIBILIDAD:**

Definición

Es la capacidad del individuo para percibir y expresar el mundo en sus múltiples dimensiones. Es la capacidad de identificación con una situación o problema planteado, es la concentración y compenetración con la acción.

Parámetros

- Concentración (pensamiento profundo y enfocado a la penetración).

- Expresión (formas de manifestar las ideas).

- Identificación y empatía, función social, compromiso y participación.

- Percepción (impresión del sentido).

- Permeabilidad (impacto de la impresión).

Desarrollo

La sensibilidad es propia de los individuos creadores. En las ciencias para resolver un problema es necesario penetrarlo, sentirlo, conocerlo y subjetivizarlo. En la medida que exista una debida preparación, reexaminación, profundización sobre una situación o problema, con mayores juicios y asociaciones podremos abordarlo.

Perspectivas

La posibilidad de utilizar plenamente los diferentes sentidos en función de un mismo propósito para percibir y expresar los acontecimientos de la cotidianidad, nos faculta de herramientas para el análisis y la comunicación. En otro orden, la capacidad de formular un problema nos posibilita su conocimiento y búsqueda de diferentes particularidades. Por otra parte, la concentración y compenetración ante un reto nos involucra y nos compromete en su solución.

Barreras

- La pérdida de afecto, de ternura, de solidaridad y amor al prójimo.

- La rutina al hábito y el ritmo poco reflexivo de vida.

- No se dispone ni provee del tiempo necesario para captar los mensajes exteriores.

Formas de estimulación

- Cultivar el amor, el afecto y la ternura.

- Incentivar los sentidos mediante ejercicios sonoros, de observación y acción táctil.

- Uso simultáneo de diferentes sentidos en función de un mismo objetivo.

❖ **ELABORACIÓN:**

Definición

Es la capacidad del individuo para formalizar las ideas, para planear, desarrollar y ejecutar proyectos. Es la actitud para convertir las formulaciones en soluciones prometedoras y acciones decisivas, es la exigencia de llevar el impulso creativo hasta su realización. En otro sentido la elaboración es la capacidad de profundización y detenimiento en la consolidación de una idea, es la búsqueda de perfeccionamiento y precisión de la acción.

Parámetros

- Determinación (decisión, voluntad y resolución).

- Disciplina (metodización y cumplimiento).

- Fortaleza (dedicación, entereza y energía).

- Orientación (organización, dirección y búsqueda).

- Perfeccionamiento (maduración y mejoramiento).

- Persistencia (capacidad de empeño).

Desarrollo

La elaboración es una característica relevante de la innovación y la creatividad y se puede notar por sus grandes huellas en todo desarrollo creativo. Puede decirse con seguridad que la mayor parte de las innovaciones e invenciones han sido fruto de una esforzada elaboración. Cada paso hacia la frontera del conocimiento profesional, hacia los márgenes de los paradigmas, hacia la creación, ha podido darse gracias a un paso anterior de conocimiento, de elaboraciones sucesivas anteriores. La ingeniería de los materiales ha mediado la producción tecnológica, los adelantos en neurofisiología a los desarrollos de la psicología, la psicología a la educación, etc. Las distintas experimentaciones y pruebas, ayudan al fortalecimiento de los análisis. En general, todo proyecto y realización es producto de un proceso laborioso de precedencia. Los conocimientos e invenciones tienen detrás de sí una huella interminable de elaboraciones preliminares. Innumerables son los ejemplos: el pararrayos, el bombillo eléctrico, la telefonía, la fotografía, la navegación, la informática, internet, etc.

Perspectivas

La elaboración conlleva realizaciones, transforma los propósitos en resultados, convierte la energía mental humana en energía física productiva. La importancia de la elaboración radica en su incidencia determinante en la transformación de la naturaleza. La elaboración contribuye sustancialmente a la realización de las ideas y a la extensión de los recursos.

Barreras

- El afán desmedido por el logro, la ansiedad producida por los deseos de realización, el forzamiento acelerado de la producción y la voraz practicidad de la modernidad.

- La apatía ante lo cotidiano, el escepticismo en las realizaciones, el facilismo, la negatividad y el pesimismo en las acciones.

Formas de estimulación

- Ejercicios de concentración y manualidad: modelado de figuras con variedad y riqueza de relieves, tramados manuales, dibujos utilizando diversas técnicas, elaboración de proyectos y artículos.

- Exigencia de perfeccionamiento y calidad en las actividades.

- La utilización constante de métodos y técnicas de elaboración como su permanente innovación.

❖ **AUTOESTIMA:**

Definición

Es la valoración de sí mismo, la confianza de la persona en su ser, basado en el conocimiento real de sus posibilidades y potencialidades, fortalezas y debilidades, en el poder de sus convicciones y su energía, vigor y fortaleza espiritual.

Parámetros

- Confianza (seguridad en sí mismo).

- Estima y valoración de sí mismo.

- Fortaleza (entusiasmo, voluntad y persistencia).

Desarrollo

La convicción del poder del ser humano, desde los albores de la humanidad con las manifestaciones de dominio e inteligencia expresadas en las representaciones pictóricas dominando al animal mediante su resolución y utilización de utensilios, hasta las más revolucionarias expresiones de poder físico y mental en los diferentes sucesos de la actualidad, el ser humano ha mostrado su fuerza, fundamentada en la autoestima. Las organizaciones y comunidades poseedoras de la fe y confianza en sus miembros, y de la visión para alcanzar una meta han obtenido logros de otra manera inalcanzables. La experiencia de la solidaridad, los modelos educativos de construcción humana, los núcleos de rehabilitación y resurgimiento, todos ellos se fundamentan en el fortalecimiento de la autoestima como principio dinámico de perfeccionamiento y desarrollo.

Perspectivas

A mayor autoestima mayor creatividad y a mayor creatividad mayor autoestima. Se considera la autoestima como la fuerza motora e impulsora de la innovación y la creatividad. Una persona fortalecida, sólida, segura ante las fuerzas de la incertidumbre y valorada dinámicamente por sí misma y también por sus compañeros, convencida de su participación en el aporte del mañana, será una persona resolutiva y configuradora de su futuro.

Barreras

- Algunos estados psicológicos fruto de una relación inestable de la interioridad con el medio.

- El proceso educativo basado en la represión, el amedrentamiento y la intimidación.

- La desvalorización del ser humano en un medio utilitarista, su aislamiento y marginación como fuente de desarrollo o como principio y fin de toda acción productiva.

- La falta de estímulos, colaboración y participación.

Formas de estimulación

- El cultivo de sí mismo, con el avizoramiento y el despertar de los héroes interiores, es decir, aprendiendo a ser.

- La reflexión y el examen del ser interno, la psicoterapia como estrategia de armonización ante el desequilibrio y el conflicto.

- Mediante una actitud, una forma de vida y pensamiento.

❖ MOTIVACIÓN:

Definición

Es la relación que existe entre lo cognitivo y lo afectivo en función de solucionar el problema que el miembro de la organización debe resolver.

Parámetros

- Conducta en la organización y fuera de ella.

- Establecimiento de contradicciones entre lo conocido y lo desconocido.

- Modo de actuación.

Desarrollo

Cualquier actividad que el ser humano desarrolle en la sociedad está cargada de un fuerte componente motivacional. Sin motivación no hay solución de problemas y por consiguiente no hay desarrollo ni progreso social. Los principales descubrimientos que hoy muestra la humanidad aparecieron en condiciones de una motivación intrínseca del ser humano.

Perspectivas

Sin motivación no hay creatividad, un ser humano motivado es capaz de arribar a conclusiones novedosas, ofrecer respuestas originales, proponer varias alternativas de solución a un mismo problema, o sea, que la innovación y la creatividad es directamente proporcional a la motivación, por lo tanto, la motivación es el motor impulsor de la innovación y la creatividad.

Barreras

- El dogmatismo, el esquematismo y la rigidez.

- La apatía, el pesimismo en las tareas y el facilismo en la actividad cotidiana.

- La carencia de estímulos, de valoración, de participación.

Formas de estimulación

- Empleo de juegos didácticos, entretenimientos del saber y situaciones problémicas.

- Implicar al miembro de la organización en el proceso de aprendizaje como sujeto activo del mismo.

- Solución de problemas que revelen la contradicción.

❖ **INDEPENDENCIA:**

Definición

Es un rasgo de la personalidad necesario para la autoeducación, es la capacidad de comprender, formular y realizar las tareas cognoscitivas según su propia iniciativa y sin ayuda de nadie.

Parámetros

- Búsqueda, selección y procesamiento de la información necesaria para resolver las tareas innovadoras.

- Libertad para elegir vías para la realización de proyectos académicos y tareas innovadoras.

- Valoración crítica de los resultados obtenidos.

Desarrollo

El desarrollo de la independencia responde a una necesidad real del mundo moderno. Ningún sistema educativo puede aspirar a proporcionar los conocimientos acumulados por la humanidad, menos aún, frente a los cambios y progresos de la economía actual. Es necesario dotar al profesional con las capacidades, conocimientos y habilidades esenciales, y especialmente enseñarlo a aprender por sí solo.

Perspectivas

La función principal del líder innovador no es sólo transmitir conocimientos a los miembros de la organización sino desarrollar al máximo sus capacidades intelectuales y prácticas, sus hábitos y habilidades, para lo cual debe planificar, organizar, orientar, dirigir, controlar y evaluar las actividades que realizan los miembros de la organización, con el fin de que puedan autodirigir y controlar su aprendizaje, aun cuando hayan terminado sus estudios y se enfrenten a la vida laboral. De manera que la independencia es condición de la innovación y la creatividad, no es posible un resultado creativo sin que exista un alto nivel de independencia en el proceso de la creación.

Barreras

• El ofrecimiento de patrones, modelos y normas de conducta y de realización de las actividades.

• La ausencia de autocontrol de los resultados del trabajo y de autoevaluación del mismo.

• La planificación, preparación y organización de los puestos e instrumentos de trabajo.

Formas de estimulación

• Enseñar a razonar y a estudiar.

• Incrementar paulatinamente el grado de complejidad de las tareas líderes innovadores y de los materiales de estudio.

• Mediante la creación de situaciones problémicas que estimulen la actividad cognoscitiva.

- Variar la correlación entre las actividades del líder innovador y las de los miembros de la organización, a favor de estos últimos.

❖ **PENSAR TÉCNICO:**

Definición

Es la forma de pensar y razonar del miembro de la organización, en función de diseñar proyectos productivos y solucionar problemas técnicos, tecnológicos y/o profesionales.

Parámetros

- Agilidad de pensamiento funcional.

- Capacidad de previsión y visualización.

- Expresión de espontaneidad.

- Imaginación.

- Improvisación.

- Pensamiento lateral.

- Percepción anticipada.

Desarrollo

Desde la antigüedad, los grandes descubrimientos están asociados a la forma de pensar de los descubridores. Los creadores tuvieron primero que imaginarse el objeto, pensarlo, para luego expresarlo y materializarlo.

Perspectivas

No es posible lograr el desarrollo de la innovación y la creatividad sin un pensamiento técnico coherente armónicamente estructurado, con una gran dosis de imaginación, reflexión y divergencia. El pensar técnico es el primer peldaño que conduce a la innovación y la creatividad.

Barreras

- Ausencia de actividades grupales de diversos tipos, procedimientos lúdicos y círculos de reflexión y debate profesional.

- Crítica a las ideas y respuestas originales y productivas.

- Estimulación de patrones o modelos de respuesta o actuación sin antes explorar.

Formas de estimulación

- Evitar el exceso de enjuiciamiento y criticismo que inhiban la participación de los diferentes miembros del colectivo.

- Hacer uso en mayor medida de interrogantes provocativas y sugerentes.

- Utilizar métodos productivos de enseñanza que estimulen el razonamiento y la imaginación.

- Utilizar un lenguaje coloquial y un estilo fácil e informal.

❖ **INNOVACIÓN:**

Definición

Es la habilidad para el uso óptimo de los recursos, la capacidad mental para redefinir funciones y usos. Es la cualidad para convertir algo en otra cosa, de lograr nuevos roles.

Parámetros

- Análisis (capacidad de descomposición).

- Asociabilidad (asociación de ideas por función).

- Conocimiento de fortalezas y debilidades de los productos y de los procesos.

- Curiosidad (atención e interés por lo desconocido).

Desarrollo

La innovación es la historia de la apropiación de recursos de la humanidad, hoy todavía sin explicación en algunos acontecimientos: Las estatuas de Abu-Simbel, las Pirámides de Egipto, las esculturas de Pascua o los trazados de Nasca. En otros órdenes: los viajes al espacio, la comunicación, la fertilidad en el desierto, la supervivencia en condiciones de muerte, la medicina alternativa y la parapsicología, son apenas algunas muestras de la innovación del ser humano.

Perspectivas

Dar posibilidad a la redefinición es optimizar y multiplicar la función de lo diseñado, es proyectar la acción a la multiplicidad. Redefinir es posibilitar la recuperación de sistemas y elementos, es potenciar su eficiencia. La importancia de la innovación radica en la disposición de nuevos y mayores recursos para el ser humano, es densificar la actividad humana con mayores instrumentos.

Barreras

- La rigidez de paradigmas y nuestra parálisis paradigmática.

- La visión unifuncional, la conformidad, la inasociabilidad y la negligencia.

- Los padres castigan a sus hijos cuando éstos quieren darle nuevos usos a los juguetes y a los elementos caseros, de ahí que el deseo de redefinición de los pequeños sobre los objetos sea bloqueado.

Formas de estimulación

- Asociación forzada de términos para la redefinición.

- Cambio constante y deliberado de las preposiciones en las ideas.

- Determinación de hechos y reformulación de problemas con antelación a la solución.

- Ejercicios permanentes de redefinición de usos sobre objetos convencionales.

- Hacer listados de objetos insólitos.

- Uso de la analogía y la metáfora en la búsqueda de soluciones.

- Utilización de ideas que motiven la redefinición.

- Visualización de caras y ángulos no acostumbrados de diferentes objetos.

❖ **INVENCIÓN:**

Definición

Es la capacidad de resolución eficaz, en concordancia con la disposición de recursos.

Parámetros

- Abstracción (reunión y elección de las características esenciales de una situación, pensamiento u objeto).

- Análisis (fraccionamiento de una realidad en sus partes).

- Inventiva (capacidad de ingeniar, interactuando con las diferentes características del pensamiento y comportamiento creador).

- Síntesis (reunión y organización de elementos significativos de una realidad).

Desarrollo

La invención del ser humano determina el porvenir de la especie. Gracias al poder de abstracción, análisis y síntesis, de ingenio e inventiva, el ser humano se ha desarrollado. El adelanto científico y tecnológico es fruto de la inventiva, como el fundamento epistemológico y filosófico su esencia.

Perspectivas

La inventiva es la respuesta del ser humano al reto de la naturaleza, el motor de evolución de la especie, toda acción de invención es indicio de prevalecimiento y permanencia. La importancia de la inventiva en el ser humano radica en el poder de adecuación de una medio inhóspito a un medio beneficioso para sí y la colectividad. Esta capacidad para salir adelante en armonía con los recursos, de resolución de problemas, es la base del desarrollo y perfeccionamiento del ser humano.

Barreras

• Ausencias metodológicas, deficiencias de aprendizaje, bajos niveles de conocimiento, utilización asincrónica de las funciones cerebrales o subutilización de las mismas, traumatismos psicológicos, deficiencia en la ejercitación de destrezas y habilidades.

• El papel de usuarios en el que estamos insertados en ocasiones, la poca participación como proveedores, constructores o planificadores, la pasividad y el conformismo en nuestra cotidianeidad.

• La convicción de que todo o casi todo está inventado o que intentar el futuro no es cuestión de intervención del ser humano.

Formas de estimulación

• Desarrollo y sincronía de nuestras funciones cerebrales, equilibrio funcional de la mente y el cuerpo, el desarrollo de nuestra conciencia, la apertura de los rangos en los diferentes estilos cognitivos, el control del hábito, utilización de métodos y técnicas creativas.

• La combinación armónica de los diferentes indicadores de la innovación y la creatividad: originalidad, iniciativa, flexibilidad, sensibilidad, elaboración.

• Procesos constructivistas de la educación, acción comunicativa y participativa, fundamentalización del conocimiento, el estudio y la actualización permanente.

❖ **RACIONALIZACIÓN:**

Definición

Es la solución correcta de un problema que se califica nueva y útil para el individuo o el colectivo que la logra, y que su aplicación aporta un beneficio técnico, económico o social.

Parámetros

- Capacidad de delinear y afrontar el futuro.

- Capacidad de descomposición.

- Conocimiento de fortalezas y debilidades de los productos y de los procesos.

- Espíritu crítico.

- Metodologías alternativas.

Desarrollo

Muchos resultados creativos obtenidos por la humanidad se deben a las acciones racionalizadoras del ser humano. La racionalización ha sido un componente impulsor de la innovación y la creatividad a lo largo del desarrollo de la humanidad.

Perspectivas

Dar posibilidad a la racionalización es optimizar y multiplicar la función del producto, es lograr la proyección hacia la multiplicidad y la polivalencia. La racionalización es muy importante para el desarrollo de la innovación y la creatividad.

Barreras

- Censurar el error y el fracaso.

- Frenar la independencia de pensamiento y acción.

- No reconocer ni valorar las realizaciones individuales originales.

- No tolerar el juego libre de ideas.

- Utilizar expresiones de autoritarismo o de permisividad nociva.

Formas de estimulación

- Estimular la expresión libre de ideas, la proyección y la creación de productos originales.

- Incitar a la fantasía y la imaginación.

- Incitar convenientemente la confianza y las potencialidades del miembro de la organización.

- Valorizar y utilizar las ideas y los productos creativos.

CAPÍTULO IV

INNOVACIÓN BASADA EN EL FUNCIONAMIENTO DEL CEREBRO HUMANO

Toda persona que lea el título de este capítulo se debe estar preguntando por qué los gerentes, administrativos, líderes innovadores, e incluso los propios miembros de la organización deben conocer cómo funciona el cerebro humano. La idea que prevaleció por varios siglos, que es incorrecta, por supuesto, es que el conocimiento del cerebro es una tarea sólo de los psicólogos y los neurólogos. Según De Zubiría (2009), "así como los estudios de Benjamín Bloom re-evolucionaron la didáctica, conocer la mente re-evolucionará la pedagogía" (p.26, t.4). Y la organización empresarial también.

Parecería que a un líder innovador, por ejemplo, poco le beneficia conocer el funcionamiento del cerebro y de la mente humana. No es así. Tal conocimiento le mostrará las áreas cerebrales partícipes en cada acción innovadora y las correspondientes operaciones psico-innovadoras; sabrá como procesa el cerebro la información creativa e innovadora, pero sobre todo le dará pistas sobre qué debe enseñar y en qué momento para potenciar la capacidad de innovación y la creatividad.

"Las tres funciones universales del cerebro humano son conocer, valorar y decidir" (De Zubiría, 2009, p.30, t.4), de ahí que sea de una gran importancia orientar la formación y el desarrollo integral de la personalidad de los miembros de la organización, basados en el funcionamiento del cerebro humano.

CÓMO POTENCIAR LA CAPACIDAD DE INNOVACIÓN

No son pocos los pensadores, formadores de líderes innovadores y pedagogos latinoamericanos que se adelantaron al nuevo siglo, superaron las exigencias de su época y plantearon en sus respectivos tiempos sus preocupaciones por el divorcio entre las exigencias de la época y la educación. Podríamos mencionar a Simón Rodríguez (Venezuela), Altamirano y Barreda

(México), Eugenio María de Hostos (Puerto Rico), el presbítero Félix Valera (Cuba) y José de la Luz y Caballero (Cuba). Sin embargo, José Martí tiene el gran mérito de la síntesis, ya que pudo integrar el pensamiento pedagógico progresista del mundo y de América Latina y nos legó en sus obras una fuente incomparable para obtener tesis y valoraciones que nos proyecten hacia el futuro.

José Martí sitúa al ser humano en el contexto histórico-social en que vive, su felicidad no se completa sino dentro de la sociedad y en su contribución al mejoramiento y transformación de la misma. Su pensamiento se sintetiza al expresar que "el amor es el lazo de los hombres, el modo de enseñar y el centro del mundo" (Martí, 1975, t.13, p.188), expresión que se realza cuando enuncia que "la enseñanza, ¿quién no lo sabe?, es ante todo una obra de infinito amor" (Martí, 1975, t.11, p.82).

El pensamiento educativo martiano declara además que la educación es un derecho y un deber humano, y que debe estar vinculada a la época, a la vida, a la transformación social y a la felicidad del ser humano. Supo profundizar y sacar a la luz la esencia de la pedagogía que necesitamos en este tercer milenio: la integración del sentimiento y el pensamiento en la educación.

Analicemos los siguientes fragmentos de la obra martiana para que sepamos aquilatar su valor educativo en el siglo XXI:

"La educación empieza con la vida y no acaba sino con la muerte. El cuerpo es siempre el mismo, y decae con la edad; la mente cambia sin cesar, y se enriquece y perfecciona con los años. Pero las cualidades esenciales del carácter, lo original y energético de cada hombre, se deja ver desde la infancia en un acto, en una idea, en una mirada" (Martí, 1975, t. 18, p.390).

"Esta educación directa y sana; esta aplicación de la inteligencia que inquiere a la naturaleza que responde; este empleo despreocupado y sereno de la mente en la investigación de todo lo que salta a ella, la estimula y le da modos de vida; este pleno y equilibrado ejercicio del hombre, de manera que sea como de sí mismo puede ser, y no como los demás ya fueron; esta educación natural, quisiéramos para todos los países nuevos de la América" (Martí, 1975, t. 8, p.287).

"El remedio está en desenvolver a la vez la inteligencia del niño y sus cualidades de amor y pasión, con la enseñanza ordenada y práctica de los elementos activos de la existencia en que ha de combatir, y la manera de utilizarlos y moverlos" (Martí, 1975, t. 11, p.86).

"¿No deberá ser toda la educación, desde su primer arranque en las actividad innovadoras primarias, se preguntan otros, -dispuesta de tal modo que desenvuelva libre y ordenadamente la inteligencia, el sentimiento y la mano de los niños?" (Martí, 1975, t. 11, p.80).

"Tener talento es tener buen corazón; el que tiene buen corazón ése es el que tiene talento (...) Los buenos son los que ganan a la larga" (Martí, 1975, t.18, p.324).

"No hay monstruos mayores que aquellos en que la inteligencia está divorciada del corazón" (Martí, 1975, t.22, p.70).

"El pueblo más feliz es el que tenga mejor educados a sus hijos, en la instrucción del pensamiento, y en la dirección de los sentimientos" (Martí, 1975, t.19, p.375).

Como se aprecia en estas frases, en la obra martiana podemos encontrar una riqueza extraordinaria acerca de la educación, la enseñanza y cómo proyectarnos en el proceso de formación de nuestros niños y jóvenes. Como resultado de su sistematización hemos valorado un conjunto de postulados importantes, de los cuales tomamos doce que también sustentan la alternativa educativa presentada en este libro (Martí, 1975):

- Los niños saben más de lo que parece.

- Lo que importa es que el niño quiera saber.

- No se sabe bien sino lo que se descubre.

- Que los niños no vean, no toquen, no piensen en nada que no sepan expresar.

- La mente es como las ruedas de los carros, y como la palabra: se enciende con el ejercicio.

- Que la organización sea sabrosa y útil.

- Sin pan se vive, sin amor, ¡no!

- El cariño es la más elocuente de todas las gramáticas.

- Los conocimientos se fijan más, en tanto se les da una forma más amena.

- Siendo tiernos, elaboramos la ternura que hemos de gozar nosotros.

- Las cualidades morales suben de precio cuando van acompañadas de cualidades inteligentes.

- El fin de la educación no es hacer el ser humano desdichado, sino hacerlo feliz.

La Educación, entendida como fenómeno de carácter social refleja, de manera más o menos explícita, el grado de desarrollo económico, político y social alcanzado por la humanidad en un período histórico concreto. La Educación constituye, por tanto "un fenómeno social que se manifiesta en múltiples formas, como praxis social, y a niveles sociales totalmente distintos. No se limita a determinada época de la vida ni a una única esfera de la vida. Se manifiesta tanto de forma espontánea como (en creciente medida) de forma institucionalizada y organizada" (Meier, 1984, p.10). De aquí que cualquier análisis sobre la Educación debe partir, necesariamente, del estudio y caracterización de la sociedad en que ella se desarrolla, de sus problemas y contradicciones esenciales, que dan lugar y constituyen el fundamento de todo el sistema de educación social.

Tradicionalmente se consideró la educación desde la perspectiva individual. Esta concepción, prácticamente única hasta mediados del siglo XIX, establecía como objetivo de la educación el perfeccionamiento de la persona y la posibilidad del logro de su plenitud humana, a través del éxito en la vida.

El desarrollo de las corrientes filosóficas de finales del siglo XIX dirigió el estudio de los fenómenos de la educación hacia su relación con los procesos de socialización e individualización del ser humano. "La Pedagogía acusó la nueva dirección y se interesó por la socialización del individuo, tratando de contribuir a la implantación de una sociedad más justa y promover el desarrollo social" (Carreño, 1977, p.37).

Aun cuando no puede considerarse que la educación sea el factor determinante del desarrollo social, hoy se reconoce su influencia en todos los procesos de cambio. Como señala Carreño (1977) "... la educación es un hecho social... la educación dada por cada pueblo es hija de sus circunstancias sociales, hallándose vinculada a las necesidades a que él se ve sometido y a la idea que se forja de la vida y las personas" (p.37). En consecuencia "la educación y la enseñanza pueden considerarse manifestaciones específicas de la vida del hombre en todas las esferas de la sociedad, como parte integrante de su verdadero proceso vital, sin que por ello deba considerarse que la educación abarca todas las formas de la mutua influencia de los hombres" (Meier, 1984, p.11).

Siendo entonces la educación una forma determinada del comportamiento social y, por tanto, un tipo específico de relación social, su estudio no puede realizarse si no a partir de las condiciones sociales que le dan origen, que constituyen el marco histórico concreto de su existencia y desarrollo.

Las relaciones entre la Educación y la Sociedad deben analizarse en dos planos diferentes entre sí: en primer lugar la influencia de la sociedad como base objetiva del proceso de educación del individuo, con el fin de lograr su integración al contexto social; en segundo lugar la influencia de la Educación en el proceso de desarrollo de la sociedad, entendiendo a la primera tanto como factor del progreso económico y científico-técnico de la sociedad, como también factor de desarrollo de la cultura, de los valores éticos y en definitiva, del crecimiento espiritual de la misma sociedad.

Como señala Carreño (1977) "... la educación es a la vez producto de la sociedad y productora de esa misma sociedad" (p.38). De esta manera, las influencias entre la sociedad y la Educación sólo pueden entenderse como una interacción recíproca, una interdependencia que se manifiesta compleja y diversa.

"Educar es depositar en cada hombre toda la obra humana que le ha antecedido, es hacer a cada hombre resumen del mundo viviente hasta el día en que vive, es ponerlo a nivel de su tiempo para que flote sobre él y no dejarlo debajo de su tiempo con lo que no podrá salir a flote; es preparar al hombre para la vida" (Martí, 1975, t.8, p.282).

Resulta evidente que en este pensamiento se percibe la idea sobre la educación para la vida, la cual tiene amplia vigencia en Latinoamérica, de modo que se debe enseñar al ser humano a que comprenda su época, que sea capaz de ser dinámico y creativo para que pueda "salir a flote" en la solución de problemas sociales en que vive. Martí precisó, también, las características generales de la educación, planteó que ésta debía estar relacionada con la época y que debe ser objetiva, científica y desarrolladora.

Valdés (1999) define la educación como "el proceso conscientemente organizado, dirigido y sistematizado sobre la base de una concepción pedagógica determinada, que se plantea como un objetivo más general la formación multilateral y armónica del educando para que se integre a la sociedad en que vive y la transforme: el núcleo esencial de esa formación ha de ser la riqueza moral" (p.3). En efecto, la educación no puede ser un proceso espontáneo, por el contrario, debe estar organizado, dirigido y sistematizado sobre la base de una concepción pedagógica determinada, cuya finalidad o meta es la formación del miembro de la organización. De esta forma, cuando se habla de formación se está expresando la idea del equilibrio y proporcionalidad que debe existir en cada uno de los componentes del desarrollo integral del ser humano: la dimensión afectiva, la dimensión cognitiva y la dimensión instrumental.

Esta formación tiene como núcleo básico o eje esencial la riqueza moral y debe tener como objetivo, integrarlo a la sociedad en que vive, para que contribuya a la transformación de ésta, mediante la práctica de sus valores y asumiendo actitudes consecuentes, basadas en sus afectos, emociones y sentimientos positivos.

La formación humana es el proceso a través del cual se entrelazan las configuraciones cerebrales, formando así sistemas de configuraciones afectivas, cognitivas e instrumentales que le permitan al ser humano crear y/o modificar las redes y circuitos de comunicación neuronal en función de facilitar el aprendizaje innovador.

Partiendo de lo anterior, "uno de los objetivos de la educación actual debería producir buenos aprendices autónomos (esto es, gente que tiene la habilidad y motivación para aprender por sí misma), más que el de llegar a contar con individuos que han adquirido mucho conocimiento pero que no saben cómo utilizarlo" (Fernández, citado por De Zubiría, 2004, p.19)

¿Cómo lograr entonces que las organizaciones aprovechen y desarrollen suficientemente toda la experiencia afectiva, volitiva y cognitiva que tiene miembro de la organización?

¿Qué hacer para que el miembro de la organización cumpla en la organización los sueños, anhelos y expectativas que se ha formado sobre ella en el período previo a su ingreso?

¿Cómo lograr que el miembro de la organización se autoestime, se respete a sí mismo como individualidad, se autocontrole, respete los derechos de los demás y se relacione adecuadamente con quienes los rodean?

¿Cómo mantener el interés del miembro de la organización por descubrir el porqué de cada hecho y fenómeno de la vida que les rodea y mantenga vivo el talento, la espontaneidad y la innovación y la creatividad que demostró tener en edades tempranas?

¿Cómo puede la organización desarrollar a un nivel cualitativamente superior el mundo sentimental, emocional e intelectual del miembro de la organización y su manera de actuar?

"Enseñar exige respeto a la autonomía del ser del educando; el respeto a la autonomía y a la dignidad de cada uno es un imperativo ético y no un favor que podemos o no concedernos unos a los otros. El líder innovador que menosprecia la curiosidad del educando, su gusto estético, su lenguaje, más precisamente su sintaxis y su prosodia; el líder innovador que trata con ironía al miembro de la organización, que lo minimiza, que lo manda ponerse en su lugar al más leve indicio de su rebeldía legítima, así como el líder innovador que elude el cumplimiento de su deber de poner límites a la libertad del miembro de la organización, que esquiva el deber de enseñar, de estar respetuosamente presente en la experiencia formadora del educando, transgrede los principios fundamentalmente éticos de nuestra existencia" (Freire, citado por Díaz, 1999, p.170).

Según De Zubiría (2006) "contra el mecanicismo, el autoritarismo, el formalismo, la competitividad, la disciplina y la falta de reflexión de la organización tradicional se levantaron las voces de los pedagogos desde fines del siglo XIX y comienzos del XX. Dewey (1859 - 1952) en Estados Unidos, Claparéde (1873 – 1940) y Ferriere (1879 – 1960) en Suiza, Cousinet (1881 – 1973) y Freinet (1896 – 1966) en Francia, Decroly (1871 – 1932) en Bélgica, y Montessori (1870 – 1952) en Italia, son los primeros y principales exponentes de la concepción pedagógica que se autodenominó como Escuela Nueva, pero que a partir de 1921 es reconocida en el mundo como Escuela Activa" (p.109)

Dewey (1978) introdujo en Estados Unidos en 1909 ideas acerca de cómo pensar, plantea utilizar en la pedagogía las conclusiones científicas de los psicólogos acerca de que el pensamiento es la solución de problemas. En

Colombia, el principal gestor de dicha concepción fue Agustín Nieto Caballero (1889 – 1975). Posteriormente se destacan Manoel Bergstrom Lourenco, en Brasil, José Rezzano en Argentina y Miguel Aguado, en Puerto Rico.

Por otro lado, muchos años antes, ya Simón Rodríguez (Venezuela), Altamirano y Barreda (México), Eugenio María de Hostos (Puerto Rico), y los cubanos, el Padre José Agustín Caballero (1762 – 1835), el presbítero Félix Valera (1788 – 1853), José de la Luz y Caballero (1800 – 1862), Enrique José Varona (1849 – 1933), y José Martí Pérez (1853 – 1895), plantearon en sus respectivos tiempos sus preocupaciones por el divorcio entre las exigencias de la época y la educación, adelantándose así al nuevo siglo y superando las exigencias de su época. Además, J. A. Comenius (1592 – 1670), considerado por muchos el padre de la Didáctica, introduce desde el siglo XVI, ideas en contra del dogmatismo en la enseñanza, plantea enseñar a los niños a pensar con su propia inteligencia.

También desarrolló una importante lucha en este sentido J. J. Rousseau (1712 – 1778), quien exigía métodos de enseñanza que tuvieran en cuenta las particularidades del miembro de la organización y se estableciera una estrecha relación de la enseñanza con la vida. Su teoría de la educación condujo a métodos de enseñanza infantil más permisivos y de mayor orientación psicológica, defendía el aprendizaje a través de la experiencia más que por el análisis.

A principios del siglo XIX el pedagogo sueco J. H. Pestalozzi (1746 – 1827) difundió ideas encaminadas a activar el aprendizaje de los miembros de la organización mediante la observación, la generalización y las conclusiones personales para desarrollar el pensamiento de éstos. Planteaba que el niño debía ser guiado para aprender a través de la práctica y la observación, y por medio de la utilización natural de los sentidos.

El pedagogo Alemán A. Diesterweg (1790 – 1866) decía que el mal líder innovador informa la verdad, mientras que el bueno enseña cómo encontrarla.

Por otra parte, el gran pedagogo ruso K. D. Ushinski (1824 – 1870) creó un sistema didáctico dirigido al desarrollo de las fuerzas intelectuales de los miembros de la organización, a fin de que éstos pudieran adquirir nuevos conocimientos de forma independiente.

En la segunda mitad del siglo XIX el pedagogo inglés Armstrong introdujo en la enseñanza de la Química el llamado método heurístico para desarrollar el pensamiento de los miembros de la organización. De esta forma criticó los métodos escolásticos.

La aspiración de estimular la actividad cognoscitiva y en consecuencia enseñar a pensar está contenida en el ideario pedagógico latinoamericano, enriquecido con las sabias observaciones del Padre José Agustín Caballero (1762 – 1835), quien se manifestó en contra del dogmatismo y en pro de reformas en los estudios universitarios.

El ilustre pensador, el presbítero Félix Varela (1788 – 1853), sostuvo ideas progresistas respecto a la educación, se opuso al escolasticismo imperante en el ambiente filosófico de su tiempo, planteaba que al ser humano hay que enseñarlo a pensar desde niño.

En la obra del insigne pedagogo José de la Luz y Caballero (1800 – 1862) existen criterios de avanzada sobre los métodos de enseñanza y sobre el trabajo, y a la juventud le pedía que no repitiera ni aprendiera de memoria. Desarrolló un pensamiento de marcado carácter empirista.

También se observan criterios destacados en Enrique José Varona (1849 – 1933), quien insistía en la necesidad de instrumentar métodos científicos en la enseñanza con el objetivo de desarrollar a los individuos, prepararlos para la vida y despertar en ellos los estímulos necesarios para impulsar el trabajo.

El ideario pedagógico de José Martí (1853-1895) es muy importante en la historia de la educación en América Latina. Al referirse a la organización del siglo XIX, Martí (1975, p.234, t.13), expresó: "¡De memoria! Así rapan los intelectos como las cabezas. Así sofocan la persona del niño, en vez de facilitar el movimiento y expresión de la originalidad que cada criatura trae en sí; así producen una uniformidad repugnante y estéril y una especie de librea de las inteligencias"

Como se aprecia, a lo largo de la historia de la humanidad han proliferado una diversidad de teorías, enfoques, corrientes, tendencias, modelos y concepciones sobre la educación, tanto desde dimensiones sociológicas y antropológicas, como psicológicas y pedagógicas. Sin embargo, en la actualidad, la Neuropsicología y las Neurociencias están generando nuevas reflexiones y lecturas a las ciencias de la educación.

La Neuropsicología investiga el funcionamiento y la formación de microestructuras cerebrales, potenciadas esencialmente por estimulación genética para potenciar el desarrollo de la dignidad humana. De ahí que sea necesario elaborar una Teoría del Aprendizaje Innovador basada en el funcionamiento del cerebro humano, una Pedagogía del Cerebro que permita construir una Psicología y una Pedagogía Innovadoras.

ROL DEL CEREBRO EN EL DESARROLLO DE LA CAPACIDAD DE INNOVACIÓN

Sabemos por Popper (1973) que los humanos habitan en tres mundos, no es uno solo. Habitan el mundo material, compuesto por ríos, nubes, piedras, plantas y animales (mundo 1). Habitan el mundo subjetivo de sentimientos, creencias, pensamientos y deseos de cada persona (mundo 2). Y en el mundo intelectual de nociones, pensamientos, teoremas, hipótesis, teorías, sinfonías, pinturas y creencias religiosas (mundo 3)

Según De Zubiría (2009) "cada mundo lo procesa una especialización mental, un macromódulo experto en ella. El macromódulo práxico procesa el mundo 1, el macromódulo psicológico el mundo 2, y el macromódulo nocional el mundo 3" (p.106, t.4). Ahora bien, la vida emocional del ser humano es tan importante que cuando no marchan dialécticamente unido lo emocional, lo racional y lo volitivo se limita la eficiencia del desarrollo, la felicidad y el éxito en la vida. Muchas son los interrogantes que surgen al meditar en este importante aspecto, entre otras pudiéramos plantear:

¿Qué relación existe entre los estados emocionales del ser humano y el desarrollo de sus capacidades intelectuales?, ¿cómo la corteza cerebral con su maravillosa computadora humana, con miles de millones de células en movimiento, se relaciona con el sistema límbico regulador de estados de ánimo, sentimientos y emociones?, ¿por qué y cómo todo ser humano puede llegar al máximo de sus potencialidades?, ¿por qué una mirada, un saludo, una sonrisa, un abrazo o un beso pueden cambiar la química del cerebro y hacer que nos sintamos mejor?

En todas las especialidades de Ingeniería existe una asignatura denominada Resistencia de Materiales, es muy difícil que confiemos en un ingeniero que no domine bien esos conocimientos, pues el éxito de que su obra o diseño sea confiable depende, entre otros aspectos, de que haya hecho de una manera acertada la selección de los materiales.

Ahora bien, el ingeniero conoce profundamente la resistencia y las características de los materiales con los que trabaja, ¿y nosotros los líderes innovadores?, ¿conocemos bien las particularidades de los miembros de la organización con los cuales interactuamos?, ¿hasta dónde conocemos el sustrato fisiológico de las acciones y reacciones del miembro de la organización con el que interactuamos?, ¿cómo aprende su cerebro?, ¿cómo construye, asimila y se apropia de conocimientos?, ¿qué sucede cuando se emociona o cuando tiene temor?, ¿cómo se relacionan los lóbulos cerebrales con el sistema límbico, que es donde radica la vida afectiva del ser humano?, ¿qué relaciones existen entre la memoria y el estado de ánimo?, ¿qué relación existe entre la capacidad de innovación y el funcionamiento neuronal?

Cuántas interrogantes tendríamos que hacernos para conocer bien la resistencia, las características y el mejoramiento del material más caro de la Tierra, ya que su equivalencia no tiene precio ni dando todo el oro del mundo: el ser humano.

Los miembros de la organización, los formadores de líderes innovadores y los padres de familia deberíamos estar mejor preparados en estos conocimientos para entender y contribuir a la educación armónica de esas vidas en desarrollo y robustecer los caracteres y personalidades irrepetibles en formación. Estar al día en los resultados de las últimas investigaciones psicológicas y neurofisiológicas que se realicen acerca del ser humano se convierte hoy en una obligación de todos los líderes innovadores comprometidos con la misión de formar a los miembros de la organización.

La influencia de la Revolución Cognitiva ha caracterizado a la investigación psicológica y educativa de las últimas décadas. La mente humana ha sido redescubierta, o dicho de otra manera, redimensionada. El aprendizaje, la memoria, el razonamiento, el pensamiento, la innovación y la creatividad, la inteligencia, las competencias, entre otros constructos psicológicos, se han constituido en objetos fundamentales de estudio científico.

El desarrollo de las neurociencias en los últimos veinte años ha constituido un fuerte estímulo para enfocar un nuevo abordaje de la didáctica y de los procesos de aprendizaje. El cambio en la conceptualización de tales procesos enfatiza las habilidades de procesamiento que los individuos traen consigo a la situación de aprendizaje y se aleja cada vez más de la posición que concibe al miembro de la organización como un receptor pasivo de información. Es un participante activo.

Según Enciso (2004, p.93), "todo lo que se hace y se crea en la vida, desde lo más elemental hasta lo más difícil, proviene de una actividad cerebral constante, que se manifiesta primero en la mente y luego en la realidad"

"Por eso es tan urgente promover una buena educación, que enseñe a pensar claramente a través de conceptos y no de mera memorización de datos. Hay que entender la diferencia entre saber (conocer las partes) y entender (ponerlas en contexto). Por ejemplo, una lora sabe hablar pero no entiende nada" (Llinás, 2003, citado por Enciso, 2004, p.103).

Teniendo en cuenta que no existe pedagogía sin cerebro, pensamos que es necesario construir la pedagogía del cerebro, o sea, la Neuropedagogía, en el sentido de que las estrategias organizacionales deben estar encaminadas a entrelazar las configuraciones cerebrales y deben contribuir a estimular la creación de nuevas redes y circuitos de comunicación neuronal, que permitan orientar la formación de los miembros de la organización basándonos en los avances de las neurociencias.

Es por ello que no es un error hablar de neuro-innovación. Pienso que, en efecto, debemos comenzar a hablar de neuro-innovación, y no sólo hablar sino investigar los procesos neuronales para potenciar la capacidad innovadora. Es necesario elaborar una teoría del aprendizaje neuro-innovador.

Partiendo de lo anterior, es necesario configurar la Neuro-innovación como disciplina científica que estudia la optimización y potenciación del aprendizaje innovador basado en el desarrollo de todo el potencial del cerebro humano, analizando el pensamiento, las emociones y la inteligencia no sólo como procesos afectivo-cognitivos de nivel superior, sino como procesos neurológicos básicos para la innovación y la creatividad.

Fuentes y Álvarez (2004) desarrollaron la fundamentación de la Teoría Holístico Configuracional en los procesos sociales como modelo epistemológico, teórico y metodológico para la interpretación y predicción de estos procesos, presentan una aproximación general a sus categorías fundamentales y a las relaciones que se establecen entre ellas, dado que su potencialidad depende en buena parte del proceso en que se aplica, de quien la desarrolla y del ámbito en que se hace.

En este sentido, a partir de la integración de los hallazgos de las neurociencias en estos últimos 30 años y de aplicación de la Teoría Holístico Configuracional en los procesos organizacionales, propongo un nuevo paradigma educativo-formativo para las organizaciones, un nuevo modelo pedagógico alternativo para potenciar la capacidad de innovación y la creatividad: la Pedagogía Configuracional, basada en la Teoría del Aprendizaje Neuro-innovador.

EL CEREBRO INNOVADOR

"Protegido por la caja craneana, envuelto en varias membranas, nadando en un líquido que amortigua los golpes, el cerebro es el origen de todos los pensamientos, sensaciones y acciones del hombre" (Brabyn, citado por Ander-Egg, 2008, p.37).

Según Carter (2002), es muy difícil "examinar directamente los mecanismos que ponen en funcionamiento nuestros pensamientos, nuestros recuerdos, nuestros sentimientos y nuestras percepciones" (p.1).

El cerebro humano aún es un gran misterio para la ciencia, aunque se han hecho muchos hallazgos al respecto, todavía existen muchos secretos por develar ya que "su naturaleza sólo podía ser deducida observando sus efectos" (Carter, 2002, p.1).

Aunque en la actualidad existen mapas o se ha establecido la cartografía del cerebro que muestra los cambios en la actividad cerebral según los estados de ánimo, o las representaciones mentales y emocionales de los seres humanos, aún existen muchas incógnitas sobre la dinámica del cerebro y el proceso mismo de acción cerebral.

Es muy complejo determinar de qué manera interactúan las neuronas, cómo se relacionan, qué acciones de coordinación realizan, cómo se transmiten información entre ellas, qué mecanismos emplean para activarse y mediante qué procedimientos se complementan para formar tipos específicos de flujos comunicativos que generen sensaciones, percepciones, emociones, pensamientos, entre otros procesos de la mente. De manera que el funcionamiento del cerebro aún es un enigma en su dimensión procesal y en su dinámica.

A pesar de que se ha avanzado muchísimo en el conocimiento de la dimensión estática del cerebro humano, aún son insuficientes los descubrimientos sobre la dinámica cerebral. "El problema es que todavía no conocemos cómo funciona nuestro cerebro" (Watson, citado por Ander-Egg, 2008, p.24), sin embargo, éste es nuestro órgano más importante y valioso, cuyo funcionamiento desempeña un rol muy importante en la formación de nuestros miembros de la organización, de ahí que sea necesario analizar qué es en realidad el cerebro humano, así como los componentes, módulos, dispositivos o configuraciones que lo integran y los sistemas de representación humana.

Para desempeñarse en la sociedad, el ser humano debe prever el resultado de sus acciones teniendo en cuenta la información que recibe por los órganos de los sentidos. Para Llinás (2003) la capacidad de predicción es probablemente la función primordial del cerebro humano.

La predicción "opera tanto a niveles conscientes como reflejos, y es la más generalizada de las funciones cerebrales en la mayoría, sino en todos los niveles de su operación" (Llinás, 2003, p.27).

Llinás revolucionó el concepto que antes se tenía sobre el sistema nervioso, es decir, «la esencia de la naturaleza humana». Los planteamientos de Llinás (2003) rompen por completo las antiguas creencias y marcan un nuevo paradigma sobre la manera de entendernos a nosotros mismos y nuestra interacción con lo que llamamos «realidad».

El cerebro es "una maravillosa máquina biológica, intrínsecamente capaz de generar patrones globales oscilatorios que literalmente son nuestros pensamientos, percepciones, sueños, en fin, el sí mismo" (Llinás, 2003, p.155).

El cerebro es una entidad muy diferente de las del resto del universo. Es una forma diferente de expresar todo. La actividad cerebral es una metáfora para todo lo demás. Somos básicamente máquinas de soñar que construyen modelos virtuales del mundo real (Llinás, 2003).

Thomas DeMarse, profesor de la Universidad de Florida ha creado un 'cerebro vivo' que puede pilotar un simulador de vuelo. "Es un plato con 60 electrodos dispuestos en forma de rejilla en su fondo, sobre eso colocamos neuronas corticales vivas de ratas, que vuelven a conectarse rápidamente, formando una red neural viva - un cerebro". Las células trabajando en equipo, logran estabilizar el "avión", espontáneamente se asocian en red y sin mediar instrucción alguna "deciden estabilizar un vuelo virtual"

Es un hito en la investigación, pues al parecer las neuronas actúan solas, sin instrucciones, lo que empieza a demostrar que el cerebro es vivo, dinámico y creativo por su propia naturaleza. El cerebro aprende por sí sólo y en la interacción con el medio, su naturaleza es bioneuropsicosocial (genética y cultural).

Generalmente, cuando hablamos del cerebro nos referimos a este órgano en singular, aunque en realidad para comprender en toda su dimensión el funcionamiento del cerebro humano debemos analizarlo en sus tres sistemas que los neurólogos conciben como tres computadoras biológicas interconectadas entre sí, fusionadas en una sola estructura, es decir, configuradas.

El cerebro utiliza la gran cantidad de informaciones disímiles que tiene almacenadas y las relaciona en forma armónica, sistémica, coherente y creativa para crear nuevo conocimiento y nuevas redes y circuitos de comunicación neuronal que le permitan resolver sus propios problemas, es decir, nuestros problemas.

El sistema nervioso no es rígido, es plástico y flexible, es un sistema dinámico que se transforma y evoluciona a lo largo del tiempo. Los módulos, sistemas y áreas cerebrales actúan como una unidad sinérgica. No puede considerarse organizado en niveles autónomos entre sí, sino configurados armónicamente, de manera coherente, en forma de sistemas de configuraciones neuropsicológicas. En este sentido, el cerebro humano es una configuración de configuraciones, integradas por sistemas, y éstos por circuitos y redes que se comunican entre sí y con otros circuitos y redes pertenecientes a otros sistemas configurados.

A partir de la consideración de incorporar el término 'configuración', resulta necesario realizar una breve referencia al mismo por su importancia gnoseológica:

Según el Diccionario Océano, (1999), la configuración es: "Disposición de las partes o elementos que componen un cuerpo u objeto y le dan su peculiar figura" (Citado por Medina, 2006, p.13)

En el Diccionario de Psicología, de Dorsch (1985), se define la configuración como "forma, Gestalt, ordenación espacial. También la trama de relación en el contenido de una percepción" (p.112). El propio diccionario hace referencia a la configuración del curso de la acción y significa que: "En el carácter y la personalidad, no deben considerarse solamente el tipo y la estructura, sino también su dinámica. El cómo del desarrollo de la existencia puede considerarse como configuración del curso, característica de la personalidad en su conjunto" (Dorsch, 1985, p.112).

Resulta útil referir las consideraciones de la psicología de la Gestalt, de donde se ha traducido el término configuración. En el diccionario Manual de Psicología, de English, H. B. y Añadivia, O. V. (s.f.) se define: "Una Gestalt es un todo indivisible, articulado, que no puede constituirse con una mera adición de elementos independientes", y se reconoce que "cada parte no es un elemento independiente, sino un miembro de un todo, cuya naturaleza misma depende de su carácter de miembro del todo"

En la Psicología Latinoamericana ya este término había sido utilizado con antelación por el eminente psicólogo cubano Fernando González Rey, al definir la personalidad como "una configuración sistémica de los principales contenidos y operaciones que caracterizan las funciones reguladoras y autorreguladoras del sujeto, quien, en los distintos momentos de su comportamiento, tiene que actualizarlos ante las situaciones concretas que enfrenta mediante sus decisiones personales" (González, 1995, p.38).

Además, el debate que existe con relación al papel de lo interno y lo externo en el aprendizaje humano es casi tan antiguo como la psicología. Este debate ha estado caracterizado por el análisis del carácter aprendido o innato de la conducta humana, o si el desarrollo humano depende de lo genético o de lo social.

Mientras que los fieles conductistas ortodoxos sostienen que nuestro entorno es el factor determinante de todo comportamiento humano, los genetistas conductistas investigan la influencia que tienen nuestros genes en este aspecto.

En la década anterior se había especulado que el cuerpo humano estaba conformado por aproximadamente 100.000 genes, de los cuales se suponía que entre "50.000 y 70.000 participan en el funcionamiento del cerebro" (Peyser, y Underwood, 1998, p.62), lo cual ilustra el papel tan importante que tiene el genoma humano en nuestra estructura neurofisiológica. Sin embargo, los cálculos más recientes proponen que el genoma humano está compuesto de un número mucho menor de lo que se había especulado anteriormente, y que realmente es de unos 34.000 genes y no de 100.000, como se suponía en esos años. Por otro lado, "al momento de nacer, el cerebro de un niño tiene 100 mil millones de neuronas, casi tantas células nerviosas como el número de estrellas que hay en la Vía Láctea" (Nash, 1997, p.50).

En este número de células con las que nacemos, "existen más de 50 trillones de conexiones (sinapsis)" (Begley, 1998, p.30), lo que indica que antes de ser influidos por nuestro entorno, ya existían más de 50 trillones de conexiones en nuestro cerebro, las cuales juegan un papel fundamental en el desarrollo emocional, psicológico, intelectual y conductual. De hecho, nuestros genes tienen una influencia tan importante en el comportamiento humano que "actualmente los científicos calculan que los genes determinan alrededor del 50 por ciento de la personalidad de un niño" (Peyser, y Underwood, 1998, p.62), es decir "aunque la experiencia puede ser el arquitecto del comportamiento humano, parece que nuestros genes son su base" (Alper, 2008, p.166). De ahí que podemos afirmar que aproximadamente el 50 % de nuestros genes crean y configuran la estructura neurofisiológica de nuestro cerebro. Somos mitad configuración genética, biológica, y mitad configuración social, cultural.

Es innegable que el ser humano está conformado por una combinación de estas dos fuerzas interactivas: la experiencia y los genes, lo externo y lo interno, lo cultural y lo biológico, lo social y lo psicológico, pero mientras más aprendemos sobre genética y neurofisiología, más descubrimos con exactitud en qué grado los genes influyen realmente en nuestras emociones, percepciones, cogniciones, aprendizajes y comportamientos.

Partiendo de lo anterior, podemos decir que el cerebro humano es una configuración viva, dinámica, lúdica y creativa de redes y circuitos neuronales, configurados armónicamente, de manera coherente, en forma de sistema de configuraciones neuronales[1].

Reiteramos que el ser humano aprende, se desarrolla y se configura por sí sólo y en la interacción con el medio (objetos y sujetos), su naturaleza es bioneuropsicosocial (genética y cultural). El resultado del aprendizaje innovador del ser humano es la mente humana, con todo su sistema configuracional: componentes, módulos, sistemas, dispositivos.

CONFIGURACIONES DE LA MENTE Y DEL CEREBRO INNOVADOR

Aunque a veces se habla de que el ser humano posee tres cerebros, en realidad es sólo un cerebro configurado por tres sistemas bien delimitados entre

---

[1] La configuración afectiva, la configuración instrumental y la configuración cognitiva.

sí, según el modelo de la estructura cerebral (cerebro triuno), de Paul MacLean (Instituto Nacional de Salud Mental de los EE.UU)

Según esta teoría de la división cerebral, el cerebro humano está conformado por tres partes:

1. Cerebro reptil (el cocodrilo que llevamos dentro).

2. Cerebro límbico (el caballo).

3. Neocórtex (la parte más distintivamente "humana").

En la parte más profunda de la estructura cerebral, en el extremo superior de la espina dorsal, está ubicado el sistema reptil de nuestro cerebro (primario, primitivo o posterior). Aproximadamente en el centro de la estructura cerebral, entre el sistema reptil y la corteza cerebral, está el cerebro límbico (medio), el segundo sistema del cerebro. La corteza cerebral (Neocórtex) es el tercer sistema del cerebro y es el más conocido de los tres.

El sistema reptil del cerebro es el responsable del control muscular, cardiaco y respiratorio, es el encargado de nuestra supervivencia, está involucrado en la concepción de la delimitación territorial y provoca nuestra tendencia a mantener una existencia rígida, estricta, obsesiva y casi programada, que se caracteriza por la repetición como conducta cotidiana. En el sistema límbico procesamos nuestras emociones y las relaciones con los demás. El Neocórtex proporciona la capacidad para desarrollar la memoria, solucionar problemas y ser creativos.

Sin embargo, fue Roger W. Sperry[2], fue quien estableció hace casi dos décadas, la división cerebral en hemisferios derecho e izquierdo en su teoría de los hemisferios cerebrales. Según Enciso (2004, p.89), el cerebro humano "actúa como un órgano integral, compuesto por los dos hemisferios −derecho e izquierdo-

---

[2] Neurofisiólogo norteamericano, ganador del Premio Nobel de Medicina en 1981.

hasta cierto punto especializados e interrelacionados entre sí, por un cuerpo calloso que hace las veces de puente, con doscientos millones de fibras de unión"

Frecuentemente se dice y se admite que "el hemisferio izquierdo del cerebro rige la parte racional del ser humano. Es el origen de las funciones lógicas, analíticas y verbales, que ejerce mayor control sobre la destreza manual, la lectura y el lenguaje. El derecho se dirige a la parte emocional, actúa más con la comunicación no verbal, dotado de sensibilidad y capacidad espacial. Involucra la innovación y la creatividad y los aspectos excepcionales del talento humano" (Enciso, 2004, p.89).

En el hemisferio izquierdo se procesan las funciones asociadas con el lenguaje, la lógica y las matemáticas. Este lado del cerebro "abarca las estructuras que implementan palabras y frases y que median en diversos aspectos léxicos y gramaticales" (Damasio y Damasio, 1992, p.92) y en el otro lado del cerebro están situados los conceptos artísticos, musicales y creativos.

Estos dos hemisferios están conectados por una compleja red de más de 200 millones de neuronas, lo cual significa que, a pesar de que cada uno se encarga de diferentes funciones, los dos están involucrados en casi todas las actividades mentales (Cruz, 2003). De hecho, "el conjunto de estructuras neurales que representan los conceptos propiamente dichos se distribuye en el hemisferio derecho e izquierdo en numerosas regiones sensoriales y motoras" (Damasio Y Damasio, 1992, p.92). En estos hemisferios se producen las más complejas interconexiones neuronales, que proporcionan al ser humano su capacidad intelectual y emocional. De ahí que el ser humano innova con todo el cerebro. En la capacidad de innovación influyen ambos hemisferios cerebrales.

El control del cuerpo por parte de los hemisferios es cruzado. Es decir, el hemisferio derecho domina la mitad izquierda del cuerpo, y el izquierdo, la derecha. Como se aprecia, el hemisferio derecho y el izquierdo controlan funciones absolutamente diferentes. Mientras el hemisferio derecho controla facultades como la capacidad creativa, artística y la orientación espacial; el hemisferio izquierdo lo hace sobre otras, como el cálculo matemático, la comprensión verbal y la memoria. Sin embargo, a pesar de ello, ambos se complementan.

La mayoría de las actividades que realizamos requieren la intervención conjunta de las funciones localizadas en los dos hemisferios. Por ejemplo, el aprendizaje y la actuación matemática es una particularidad transcultural del ser humano, lo que significa que es un rasgo genéticamente heredado, es decir, existen configuraciones matemáticas en el cerebro. "La existencia, por ejemplo, de idiotas sabios, matemáticos que pueden hacer cálculos de miles de millones pero que tienen disfunciones cognitivas en los demás aspectos, parecería confirmar la existencia de dicho mecanismo neurofisiológico" (Alper, 2008, p.130). De ahí que consideremos que existen configuraciones neurofisiológicas de lo matemático en nuestro cerebro, entonces podemos afirmar que también poseemos genes matemáticos, responsables del surgimiento de estas configuraciones.

Por otro lado, todas las generaciones de todas las culturas humanas han tenido la capacidad para hablar y comprender una lengua, lo cual indica que dentro de nuestros cromosomas existen genes en los que se originan nuestras capacidades lingüísticas. "Cuando nos estamos desarrollando en el útero materno, la función de estos genes del lenguaje es la de ordenarles a nuestros cuerpos que desarrollen conexiones neurofisiológicas especializadas en donde se generaran nuestras capacidades lingüísticas" (Alper, 2008, p.87).

Además, según Alper (2008) el hecho de que las afasias musicales existan indica que, al igual que el lenguaje, "nuestras capacidades musicales deben estar integralmente relacionadas con nuestra estructura neurofisiológica" (p.83).

Las personas pueden sufrir afasias musicales, las cuales son semejantes a la afasia lingüística y que consisten en la pérdida de alguna capacidad musical especifica debido a una lesión física del cerebro. Por ejemplo, un compositor puede perder su capacidad para componer luego de sufrir un derrame cerebral, o un músico su capacidad para tocar un instrumento.

Un equipo de investigadores liderado por la antropóloga Helen Fisher, de la Organización de Rutgers ha trabajado para determinar la neuroquímica presente en las conductas propias de los lazos afectivos. Fisher sostiene que el apego entre las parejas que están enamoradas es producido por cambios en el cerebro, particularmente en un grupo de neurotransmisores llamados monoaminas, entre los cuales están la dopamina, la norepinefrina y la serotonina.

Para determinar estos cambios, Fisher sometió a parejas que sentían un gran amor mutuo a una imagen de resonancia magnética funcional (IRM), que puede detectar cambios en el flujo sanguíneo del cerebro asociados con los afectos y el amor. Fisher descubrió que mientras que la lujuria está determinada por la testosterona y el estrógeno, los lazos afectivos están determinados por dos neurotransmisores llamados oxitocina y vasopresina. Así que, aparentemente, incluso el amor romántico y los lazos afectivos pueden reducirse a procesos neuroquímicos. Esta hipótesis fue confirmada posteriormente por Andreas Bartles, del University College de Londres.

Bartles observo que "cuando a los miembros de la organización sometidos a una IRM les mostraron fotografías de seres queridos, hubo regiones del cerebro que se activaron de manera significativa (a diferencia de fotos de otras personas, que tuvieron una reacción más débil). Las zonas que se iluminaron hacían parte de la corteza cingular anterior, la ínsula mediana, y partes del putamen y del núcleo caudado" (citado por Alper, 2008, p.115).

Estudios relativamente recientes del matrimonio de neurólogos portugueses Hanna y Antonio Damasio (1992) permitieron localizar con éxito los sistemas que, en el cerebro humano, operan nuestras diferentes comprensiones[3] y el lugar donde se procesan e irradian las inteligencias intra e interpersonal definidas[4] por Gardner (2007) o las competencias que Goleman (1996) bautizó con el nombre de

---

3 Este mismo tema es admirablemente analizado por Antonio Damasio (1994) en su libro El error de Descartes.

4 Establecemos que la inteligencia humana es sólo una y en el libro *Aprendizaje y Comportamiento basados en el funcionamiento del cerebro humano: Emociones, Procesos Cognitivos, Pensamiento e Inteligencia*, explicamos por qué.

"inteligencia emocional"[5]. La música puede afectarnos fisiológicamente. "La música puede producir una excitación emocional intensa y genuina que va desde la felicidad extática a la profusión de lágrimas" (Storr, 1992, p.29). Incluso, la conciencia moral del ser humano está instaurada en nuestro cerebro y determina en un 50 % nuestra conducta.

La primera clave para determinar que podemos estar programados para una conducta moral, según Alper (2008, p.222), puede remontarse al extraño caso de Phineas Gage, un obrero que trabajaba como capataz de ferrocarril en Estados Unidos. En 1848, su cuadrilla estaba tendiendo una línea en Cavendish, Vermont, cuando ocurrió una explosión accidental con dinamita, y una varilla de hierro de 13 libras de peso, 2 cm de diámetro y más de un metro de largo voló por el aire y se incrustó en el cerebro de Phineas, atravesándole el cráneo. Gage sobrevivió al accidente sin pérdida de memoria, ni daños cognitivos, y sin sufrir ningún detrimento notable en su intelecto, lo cual parecía un milagro, sin embargo su personalidad cambió radicalmente, notado pocos días después por sus amigos y familiares.

Antes del accidente, Gage era conocido como un hombre honesto, dedicado a su familia y a su trabajo, modesto y confiable. Sin embargo, pocas semanas después del accidente, se convirtió en un vago irresponsable sin ningún sentido ético, se tornó errático, emotivo, voluble, susceptible a furias irracionales y a las vanidades, comenzó a mentir, engañar y robar, "expresando poca deferencia por sus compañeros, reticencia a las restricciones o consejos cuando entraban en conflicto con sus deseos, a veces asombrosamente testarudo, caprichoso y vacilante" (Begley, 2008, p.64).

Estudios posteriores le permitieron a los científicos deducir y revelar que la varilla había penetrado en la región del cerebro responsable del control emocional, de la razón y de la planeación, es decir, que dicho hierro le había atravesado la corteza prefrontal, indicando así que esta parte del cerebro puede tener un papel

---

5 No estamos de acuerdo con esta categorización, sería mejor hablar de Emociones Inteligentes o, simplemente, Inteligencia.

crucial en el razonamiento social y moral, lo que facilitaría una interpretación neurobiológica de la conciencia moral. En este caso, Phineas Gage, quien era una persona serena y equilibrada, al recibir un violento impacto en el rostro debido a la barra metálica que atravesó su cerebro por la mitad del lóbulo frontal (sistema límbico), no pudo conservar el dominio de algunas de sus facultades, sobre todo las emocionales, modificando y reconfigurando sus estructuras afectivas y transformándose en un ser humano egoísta, arrogante, prepotente e indiferente por los sentimientos ajenos.

Desde esa época, el caso Gage se convirtió en un importante punto de referencia para la investigación neurológica. Es evidente que este obrero dejó de ser una persona afectiva debido a la barra metálica que lo golpeó en aquel trágico y brutal accidente, dicha barra metálica impactó en el punto del mapa cerebral donde está situado el control inhibidor de conductas positivas, agradables y afectuosas.

El caso Gage es una evidencia nada despreciable de que "hay estructuras particulares del cerebro que controlan funciones mentales específicas" (Begley, 2008, p.64). Por otro lado, según Damasio (1994) una persona que sufre un daño considerable en el espacio del cerebro ocupado por la "conciencia moral" puede eventualmente desempeñar todas sus actividades[6] pero no será capaz de comportarse aceptablemente en la sociedad[7].

Otro ejemplo: La noche del 31 de julio de 1966 Charles Whitman, un introvertido joven de 25 años, mató a su mujer y a su madre. A la mañana siguiente se dirigió al edificio de administración de la Organización de Texas, donde mató a la recepcionista y se encerró en la torre. Usando un rifle de largo alcance con mira telescópica, continuó disparando a cualquiera que estuviera a su alcance. Durante los 90 minutos siguientes mató a 14 personas e hirió a otras 24. Su borrachera de violencia no terminó hasta que la policía lo mató a él. En una

---

6 Hablar correctamente, conservar la memoria, usar la razón lógica y localizarse en espacio/tiempo.

7 Asume con mayor facilidad acciones delictivas (mentir, robar), sin que se inhiba o sienta vergüenza.

nota que había escrito antes de la matanza, describió los terribles dolores de cabeza que sufrió los meses anteriores y los pensamientos irracionales e incluso impulsos violentos que le habían estado atormentando. La autopsia, que él había solicitado, mostró que tenía un tumor en el lóbulo temporal. (Tomado de Papalia, 1990, p.340).

Este comportamiento demuestra que nuestro cerebro manda, ordena, dirige y orienta nuestras actuaciones, el cerebro regula la conducta humana, lo interno determina en gran medida lo externo, todos los procesos que se ejecutan en el interior de nuestro cerebro generan la mayoría de los sucesos que experimentamos en nuestra cotidianidad, y es muy difícil a veces para el ser humano controlar y regular dichas actuaciones, porque en muchos casos, esas respuestas están determinadas por la forma cómo nuestro cerebro se ha venido configurando, lo cual no quiere decir que estemos presos de nuestro cerebro ni que debemos estar sujetos a sus designios, todo lo contrario, pienso que tenemos toda las oportunidades, posibilidades y sobre todo la gran responsabilidad de contribuir a una configuración sana, cándida y angelical pero a la vez prospectiva, propositiva, desarrolladora y configuradora de nuestro principal órgano.

Los estudios realizados recientemente por Damasio (2007), de la Organización de Iowa, ofrecen nuevas evidencias que respaldan esta concepción. Damasio y sus colegas observaron a dos individuos que habían sufrido lesiones en la corteza prefrontal antes de cumplir dieciséis meses.

Aunque aparentemente se recuperaron, años después empezaron a comportarse de una forma aberrante: robaban, mentían y abusaban física y verbalmente de otras personas, fueron malos padres con los hijos que tuvieron por fuera del matrimonio, mostraron una notable ausencia de remordimiento y no planearon su futuro (Stein, 1999). Además, fue imposible detectar una influencia del entorno en el comportamiento de los jóvenes, pues ambos crecieron en hogares estables de actividad innovadora media y habían sido buenos hijos (Alper, 2008).

Basado en su investigación, Damasio (2007) concluyó que la disfunción temprana en ciertos sectores de la corteza prefrontal parece causar un desarrollo anormal de la conducta social y moral, independientemente de los factores sociales y psicológicos, los cuales no parecen haber tenido una incidencia en la condición de nuestros sujetos (Stein, 1999).

A fin de respaldar los hallazgos del doctor Damasio, los doctores Ricardo de Oliveira-Souza y Jorge Moll, del Grupo de neurología e imágenes neurológicas de los Laboratorios y Hospitales D´or, en Rio de Janeiro, utilizaron imágenes de resonancia magnética (IRM) para observar cuales partes del cerebro se activan cuando una persona piensa en asuntos éticos. A un grupo de diez personas conformado por hombres y mujeres entre los 24 y los 43 años se les pidió enunciar una serie de juicios morales mientras eran sometidos a la IMR.

A través de audífonos, los participantes en el estudio escucharon varias declaraciones como "violaremos la ley si es necesario", "todas las personas tienen derecho a vivir", y "luchemos por la paz". En cada caso, a los individuos se les pidió que juzgaran si cada frase era correcta o incorrecta. Los participantes también escucharon frases sin ningún contenido moral, como "las piedras están conformadas por agua" o "caminar es bueno para la salud" y las juzgaron del mismo modo (Health, 2000).

Según Alper (2008), "las imágenes de resonancia magnética registradas mientras los individuos estaban meditando sobre estos problemas éticos, mostraron que el proceso de decisión moral estaba asociado con la activación del área 10 de Bredmann o corteza prefrontal dorsolateral, localizada en el polo frontal del cerebro" (p.224).

De acuerdo con los resultados del doctor Damasio, los investigadores que realizaron los experimentos con las IMR también observaron que "las personas con lesiones en esta área del cerebro pueden presentar una actitud antisocial severa" (Health, 2000, p.51). La mente se les transformó. En efecto, para todo comportamiento humano existen genes especializados que posibilitan el desarrollo de las zonas neurofisiológicas específicas en donde se generaran dichas conductas. Por cada capacidad que tiene el ser humano, ya sea cognitiva o afectiva, existe un sitio fisiológico en el cerebro en donde se genera. Por ejemplo, "nuestra capacidad de visión está directamente relacionada con la corteza visual y el calibre de nuestros ojos. Así mismo, la capacidad musical está directamente relacionada con el calibre de las zonas del cerebro encargadas de generarla" (Alper, 2008, p.186). ¿Qué áreas neuronales determinan nuestra capacidad de innovación y de creatividad?, ¿existen los genes innovadores y creativos?

Conocer esta información es importante para un formador de líderes innovadores por cuanto se demuestra científicamente la identificación del centro de procesamiento de los procesos cognitivos y afectivos del ser humano, que originan la conducta de los miembros de la organización, por lo tanto, no es un error hablar de Neuro-innovación. Esta es la nueva neurociencia de la formación de innovadores en el tercer milenio, que debe estar encaminada a modificar, especializar y/o configurar zonas, sitios, áreas, redes y circuitos neurofisiológicos específicos para la potenciación de la capacidad de innovación y la creatividad.

Martínez (2008) destaca que en 1990, el congreso de los Estados Unidos emitió una resolución por medio de la cual designó la década de 1990 como "década del cerebro", y "destinó más de 500 millones de dólares para el estudio de la neurociencia durante ese año. Actualmente se realizan más de medio millón de investigaciones anuales sobre el cerebro" (p.217).

Siguiendo a Martínez (2008), hay que precisar que los conocimientos que especifican la naturaleza constitutiva del cerebro humano son todos muy sorprendentes, en apariencia, increíbles y casi imposibles de imaginar. Pensemos que "una sola molécula de ADN (responsable de la codificación genética y que no se ve a simple vista) tiene en su doble espiral 3000 millones de peldaños que llevan la información para la reproducción exacta de cada especie" (p.217). Por ello, veamos sólo algunos datos más (Martínez, 2008, p.218 y 2012, p.29):

- El cerebro humano tiene solo 2% del peso del cuerpo, pero consume 20% de su energía, de su oxígeno.

- Está compuesto por unas 100 mil millones de neuronas, cada una de las cuales se interconecta con otras por un numero de sinapsis que va de varios centenares a más de 20000, formando una red estructural que es 100 veces más complejas que la red telefónica mundial.

- Sin embargo, el tiempo de activación entre dos sinapsis es inferior a un milisegundo (Eccles, 1973).

- Una estimación modesta de la frecuencia de impulsos entre los dos hemisferios supera los 4000 millones por segundo, 4000 megahertz (MHz) (Eccles, 1980, p.366), cuando las computadoras más complejas se acercan ahora (2007) a los 2000 MHz.

- De esta manera, la velocidad de procesamiento de información del sistema nervioso no consciente supera toda posible imaginación humana, siendo de uno a 10 millones de bits (unidad de información) por segundo (Hainer, 1968), lo cual equivale a unas 300 páginas de lenguaje de un libro normal.

- Toda experiencia sensorial, consciente o inconsciente, queda registrada en el aparato neuronal y podrá ser evocada con posterioridad, si se dan ciertas condiciones propicias; y algo parecido sucede con nuestro conocimiento hereditario inconsciente, que constituye una base de potencialidad aún mucho mayor (Popper, 1980, p.136-137).

- Parece ser que el cerebro, al igual que algunos sentidos como la vista y el oído, utilizan los principios holográficos para almacenar información, de modo que, registrando únicamente la pauta de difracción de un evento (no la imagen, sino el computo capaz de reducirla), conserva la información de la totalidad y así el todo está en cada parte y estas en el todo y el aprendizaje se reduce a la organización jerárquicas de estructuras. Esto indicaría que el cerebro sigue el sabio consejo de no poner en la cabeza nada que pueda ubicarse en una estantería.

- Del mismo modo, la vastedad y los recursos de la mente son tan grandes que el ser humano puede elegir, en un instante dado cada una de las 1040 sentencias diferentes de que dispone una lengua culta (Polanyi, 1969, p.151).

Estos y otros datos similares nos llevan a concluir que el cerebro humano es la realidad más compleja del universo que habitamos. Nos podemos preguntar qué sentido o significado tiene, o qué función desempeña, esta asombrosa capacidad del cerebro humano que reside en su ilimitada posibilidad de memoria y en su inimaginable velocidad de procesar información. Nuestra respuesta es que esa dotación gigantesca está ahí, esperando que se den las condiciones apropiadas para entrar en acción, crear, innovar, cambiar y transformar el mundo humano.

El gran neurólogo y neurocirujano Wilder Penfield (1966) llama áreas comprometidas a aquellas áreas del córtex que desempeñan funciones específicas; así, las áreas sensoriales y motoras están comprometidas desde el nacimiento con esas funciones, mientras que las áreas dedicadas a los procesos mentales superiores son áreas no comprometidas, en el sentido de que no tienen localización espacial concreta, y su función no está determinada genéticamente. Penfield hace ver que, mientras la mayor parte de la corteza cerebral de los animales está comprometida con las funciones sensoriales y motoras, en el hombre sucede lo contrario: "la mayor parte de su cerebro no está comprometida. Sino que está disponible para la realización de un futuro no programado" (citado por Martínez, 2008, p.218).

John Eccles (1985), premio nobel por sus descubrimientos sobre transmisión neurológica, estima que el cuerpo calloso está compuesto por unos 20 ciclos cada una, transportan una cantidad tan fantástica de trafico de impulsos en ambas direcciones que supera los 4000 millones de segundo, 4000 megahertz (4 gigagertz). "Este tráfico inmenso, que conserva los dos hemisferios trabajando juntos, sugiere por sí mismo que su integración es una función compleja y de gran trascendencia en el desempeño del cerebro" (Martínez, 2008, p.219).

De una importancia capital es la relación entre el sistema límbico o lóbulo límbico y el Neocórtex prefrontal, es decir, entre el sistema emotivo y el cognitivo, unidos a través de una gran red de canales de circulación en ambas direcciones. El sistema límbico abarca un ensamblaje extremadamente complejo de estructuras, cuya plena comprensión, tanto estructural como funcional, no ha sido aún alcanzada. Sin embargo, sabemos muy bien que el sistema límbico da un colorido emocional, cambiando en gran medida las percepciones conscientes; y, viceversa, que, mediante la corteza prefrontal (sistema consciente), el sujeto ejerce una influencia de control sobre las emociones generadas por el sistema límbico. Es más, hoy día se avanzan teorías que los consideran como un solo sistema, la estructura emocional-cognitiva, ya que hay vías de complicada circulación que van desde las entradas sensoriales al sistema límbico y luego, de ahí, al lóbulo prefrontal, regresando de nuevo al sistema límbico, y posteriormente, una vez más, al lóbulo prefrontal.

Martínez (2008) precisa que son muchos los autores e investigadores que han demostrado que falta de desarrollo estructural lleva luego a una incapacidad funcional. Sperry lo especifica en los siguientes términos:

Muchos elementos internos de nuestro cerebro se activan solamente con operaciones muy específicas y, si estas actividades no se realizan (de una manera particular durante las etapas del desarrollo infantil y juvenil cuando las neuronas y sus sinapsis dependen mucho del uso), las neuronas involucradas pueden sufrir un proceso regresivo, dejando profundas deficiencias funcionales en su maquinaria integradora. (Citado por Bogen, 1976, p.92).

Según Kervran (1982), el hipotálamo funciona como un transductor capaz de convertir los neutrinos en electrones o viceversa, según actúe como emisor o como receptor. Algo similar harían la epífisis y el timo. De esta manera, "el sistema cognitivo y el emotivo formarían un solo suprasistema (conclusión esta de imaginables consecuencias para la innovación) y también se comprendería más la interdependencia que hay entre los seres vivos y su entorno" (Martínez, 2008, p.21).

Otro de los aportes de la neurociencia actual, es de máxima importancia el que aclarece el proceso de atribución de significados. Así, por ejemplo, los estudios sobre la transmisión neurocerebral nos señalan que, frente a una sensación visual, auditiva, olfativa, etc., antes de que podamos decir "es tal cosa", se da un ir y venir, entre la imagen o estimulo físico respectivos y el centro cerebral correspondiente, de cien hasta mil veces, dependiendo del tiempo empleado. Cada uno de estos "viajes" de ida y vuelta tiene por finalidad ubicar o insertar los elementos de la imagen o estimulo sensible en diferentes contextos de nuestro acervo nemónico buscándole un sentido o significado. "Pero este sentido o significado será muy diferente de acuerdo con ese mundo interno personal y con la respectiva estructura en que se ubica: valores, actitudes, creencias, necesidades, intereses, ideales, temores, etc." (Martínez, 2008, p.49).

La programación neurolingüística (PNL) y el coaching ontológico encajan bastante bien con nuestro conocimiento actual de la filosofía del cerebro, de modo que ambos se apoyan mutuamente. En la actualidad es preciso enriquecer nuestra teoría de la gestión organizacional inspirándonos en el conocimiento de la neurofisiología y estructuras neuronales del cerebro, que hoy constituyen una vía idónea y pertinente para ilustrar y solventar dudas y problemas que habían generado discusiones interminables en el ámbito de las teorías de la innovación.

Popper (1980) dice que "el yo, en cierto sentido, toca el cerebro del mismo modo que un pianista toca el piano o que un conductor acciona los mandos de su coche" (p.140), y agrega que no hay datos sensoriales (…), que lo que la mayoría de las personas considera un simple dato es de hecho el resultado de un elaboradísimo proceso. Nada se nos da directamente: sólo se llega a la percepción tras muchos pasos (cien, o mil, pasos de toma y dame), que entrañan la interacción entre los estímulos que llegan a los sentidos, el aparato interpretativo de los sentidos y la estructura del cerebro.

La relación, interacción o interconexión entre el sistema afectivo o emocional y el sistema cognitivo o intelectual tienen una importancia extraordinaria para la gestión organizacional, es decir, entre el Neocórtex o módulo prefrontal del cerebro y el sistema límbico regulador de las emociones y sentimientos humanos hay una relación armónica, configurados por medio de una inmensa red de canales de circulación en múltiples direcciones.

El sistema límbico gobierna, controla y regula el acto humano emocional modificando las percepciones conscientes y, viceversa, mediante la corteza prefrontal (sistema cognitivo), el ser humano ejerce una influencia de control y regulación sobre las emociones generadas por el sistema límbico. Es más, hoy día se avanzan teorías que los consideran como un solo sistema, "la estructura cognoscitivo-emotiva, ya que hay vías de complicada circulación que van desde las entradas sensoriales al sistema límbico y luego, de ahí, al lóbulo prefrontal, regresando de nuevo al sistema límbico y, posteriormente, una vez más, al lóbulo prefrontal" (Eccles, 1980, p.307).

Martínez (2009) considera que "si la estructura cognoscitivo-emotiva forma un solo sistema, es muy comprensible que se unan lo lógico y lo estético para darnos una vivencia total de la realidad experienciada. Esto, naturalmente, no desmiente el hecho de que predomine una vez uno y otra el otro, como constatamos en la vida y comportamiento cotidiano de las personas" (p.118). Por otro lado, Nauta (1971), un gran estudioso de la relación entre los sistemas prefrontal y límbico, señala que el estado interno del organismo (hambre, sed, miedo, rabia, placer, sexo, etc.) se indica a los lóbulos prefrontales desde el hipotálamo, los núcleos septales, el hipocampo, la amígdala y demás componentes del sistema límbico, a través de una gran red de vías y circuitos que llevan intenso tráfico de información; el córtex prefrontal sintetiza toda información emotiva, sentimental y apetitiva y traza, luego, una guía adecuada de conducta. De esta manera, "los estados afectivos adquieren una importancia extraordinaria,

ya que pueden inhibir, distorsionar, excitar, o regular los procesos cognoscitivos"
(Citado en Martínez, 2009, p.111).

La mente de todo líder innovador, quiéralo o no, consciente o
inconscientemente, explícita o implícitamente, comienza su trabajo interpretando
el valor y el significado de las cosas, es decir, hermenéuticamente; y también lo
hará "tratando de evitar los prejuicios, las hipótesis posiblemente engañosas y las
teorías preconcebidas, es decir, fenomenológicamente" (Martínez, 2009, p.152).
De esta manera, todo líder innovador, quizá sin quererlo y sin saberlo, aplica, a su
modo, los métodos hermenéutico y fenomenológico, y resuelve los principales
problemas que le presenta el proceso innovador, siendo -como dice Heidegger- lo
que es por naturaleza: "un ser interpretativo, pues todos sus intentos cognitivos no
son sino expresiones de su interpretación". (Citado en Martínez, 2009, p.153).

Por otro lado, el nervio óptico está compuesto por más de un millón de
canales que trabajan en ambas direcciones, y sabemos que en la naturaleza no
hay órganos inútiles. ¿Qué hacen tantos canales? De acuerdo con los que nos
dice Popper y Eccles (Eccles es premio nobel en transmisión neurocerebral) en su
obra El yo y su cerebro (1980), en el mismo instante en que aparece la imagen en
la retina comienza un intensísimo dialogo, un ir y venir de información, un toma y
dame, entre esa imagen y nuestro centro visor, ubicado en la parte occipital del
cerebro. "Ese intercambio de información va a tal velocidad que en una fracción de
segundo se repite centenares -y aun millares- de veces, dependiendo de la
agilidad mental de cada sujeto" (Citados en Martínez, 2009, p.144).

Martínez (2009) se pregunta:

> ¿Qué es lo que dialogan la imagen de la retina y el centro visor? Y él
> mismo contesta: Cada elemento de la imagen y ésta en su totalidad
> es comparada o relacionada con el gigantesco archivo de
> información constituido por nuestro acervo mnemónico, es decir, con
> la amplísima red de nuestras experiencias anteriores. Este proceso
> tiene por finalidad interpretar y darle sentido a la imagen física que

está en la retina. Evidentemente, esa interpretación y ese sentido o significado dependerán de cuales hayan sido nuestras experiencias previas. Y si la imagen, o la sensación (tratándose de otros sentidos), no tiene relación alguna con nuestras experiencias anteriores, simplemente no la entendemos. (p.145)

En este sentido, Mountcastle (1975) afirmaba lo siguiente:

Todos creemos vivir directamente inmersos en el mundo que nos rodea, sentir sus objetos y acontecimiento con precisión y vivir en el mundo real y ordinario. Afirmo que todo eso no es más que una ilusión perceptiva, dado que todos nosotros nos enfrentamos al mundo desde un cerebro que se halla conectado con lo que esta "ahí fuera" a través de unos cuantos millones de frágiles fibras nerviosas sensoriales. Esos son nuestros únicos canales de información, nuestras líneas vitales con la realidad. Estas fibras nerviosas sensoriales no son registradores de alta fidelidad, dado que acentúan ciertas características del estímulo, mientras que desprecian otras. La neurona central es un contador de historias, por lo que respecta a las fibras nerviosas aferentes, y nunca resulta completamente fiable, permitiendo distorsiones de cualidad y de medida en una relación espacial forzada aunque isomórfica entre "fuera" y "dentro". La sensación es una abstracción, no una réplica, del mundo real. (Citado en Martínez, 2012, p.31)

El hemisferio izquierdo, que es consciente, realiza todas las fundamentaciones que requieren un pensamiento analítico, elementalista y atomista; su modo de operar es digital, lineal, sucesivo y secuencial en el tiempo, en el sentido de que va paso a paso; recibe la información dato a dato, la procesa en forma lógica, discursiva, casual y sistemática, y razona verbal y matemáticamente, al estilo de una computadora donde toda "decisión" depende de la anterior; su modo de pensar le permite conocer una parte a la vez, no todas ni el todo; es predominantemente simbólico, abstracto y proposicional en su función, poseyendo una especialización y un control casi completo de la expresión del habla, la escritura, la aritmética y el cálculo, con las capacidades verbales e ideativas, semánticas, sintácticas, lógicas y numéricas (Martínez, 2012).

El hemisferio derecho, en cambio, cuyo proceso es predominantemente inconsciente, desarrolla todas las funciones que requieren un pensamiento o una visión intelectual sintética y simultanea de muchas cosas a la vez. Por ello, este hemisferio está dotado de un pensamiento intuitivo que es capaz de percepciones estructurales, sincréticas, geométricas, configuracionales o gestálticas, y puede comparar esquemas en forma no verbal, analógica, metafórica, alegórica e integral. Su manera de operar se debe, por consiguiente, a su capacidad de aprehensión estereognosia del todo, a su estilo de proceder en forma holista, compleja, no lineal, tacita, simultanea, asociativa y acasual. Este le permite orientarse en el espacio y lo habilita para el pensamiento y la apreciación de formas espaciales, el reconocimiento de rostros, formas visuales e imágenes táctiles, la comprensión pictórica, la de estructuras musicales y, en general, de todo lo que requiere un pensamiento visual, imaginación o que está ligado a la apreciación artística (Martínez, 2012).

> La velocidad de trabajo y procesamiento de información de ambos hemisferios es totalmente diferente: mientras el sistema nervioso racional consciente (hemisferio izquierdo) procesa apenas unos 40 bits (unidades de información) por segundo, la plena capacidad de todo el sistema nervioso inconsciente (asentando, en su mayor parte, en el hemisferio derecho, el cerebelo y el sistema límbico) alcanza – como ya señalamos- de 1 a 10 millones de bits por segundo (Hainer, 1968; citado en Martínez, 2012, p.32)

Aunque la actividad del hemisferio derecho es sobre todo inconsciente debido a su alta velocidad, tiene, no obstante, una especie de reverberación en el izquierdo. De este modo, la mente consciente, que actúa solo sobre este hemisferio, puede, sin embargo, tener un acceso indirecto prácticamente a toda la información que le interesa, en un momento dado, del hemisferio derecho. Por esta razón, ambos hemisferios tienen una estructura y desarrollan actividades especializadas, pero que se complementan; en efecto, muchas funciones de codificación, almacenamiento y recuperación de información dependen de la integración de estas funciones en ambos hemisferios. Aun mas, la complementariedad se encuentra tan radicada en su naturaleza que en los casos de atrofia congénita de un hemisferio, el otro trata de realizar el trabajo de los dos, y –según Sperry- "al cortar el cuerpo calloso (impidiendo, con ello, el paso de información de uno a otro), cada hemisferio opera de manera independiente como si fuera un cerebro completo, pero, evidentemente, en forma menos eficaz aun en la realización de sus propias funciones específicas" (citado por Martínez, 2012, p.33).

Como se aprecia, la neurociencia actual sostiene que no tenemos dos sistemas cerebrales independientes (el sistema cognitivo y el sistema afectivo), sino uno solo integrado: el sistema cognitivo-afectivo, y que, de esta manera, "los estados afectivos adquieren una importancia extraordinaria, ya que pueden inhibir, distorsionar, excitar o regular los procesos cognoscitivos" (Martínez, 2008, p.282). De ahí que la capacidad de innovación no es sólo cognitiva o sólo afectiva sino afectiva-cognitiva.

La intensa interconexión informativa entre el sistema límbico (reacciones instintivo-emotivas, no conscientes) y el Neocórtex prefrontal (consciente y lógico) es un hecho importante a tener en cuenta. También es importante que tengamos en cuenta que en el hombre se produce una activación neuronal unilateral, mientras que en la mujer se produce una activación neuronal bilateral. Es decir, el cerebro masculino procesa el lenguaje y la lectura mediante la activación del cerebro izquierdo, mientras que el cerebro femenino se activa en ambos hemisferios. Esto es extraordinariamente significativo para la estructuración del proceso formativo innovador, por cuanto el cerebro se prepara primero para el componente emocional y luego para el cognitivo, sin embargo la configuración afectiva se consolida aproximadamente a los 16 años. San Agustín decía que no hay nada que llegue al pensamiento sin pasar por el sentimiento.

Por otro lado, el notable psicólogo colombiano, creador de la Pedagogía Conceptual, Miguel De Zubiría Samper, basándose en la extensa obra de Alexander Luria, discípulo de Lev Vygotsky, establece tres módulos mentales: la unidad cognitiva, la unidad afectiva y la unidad ejecutiva. Según De Zubiría (2009), la unidad cognitiva conoce, clasifica, ordena e integra la información perceptual en nociones o pensamientos.

Cuando el miembro de la organización se relaciona con los sujetos (hermana, madre, esposa, hijo, líder innovador, gerente, amigo, cliente) y objetos (perro, carro, árbol, ropa, casa, computador, comida), construye, asimila y se apropia de imágenes mentales de cada tipo de objeto y/o sujeto; y es a través de estas operaciones cognitivas que se produce la configuración cerebral y de la mente humana. "La unidad afectiva valora, decide qué hacer y sugiere el mejor comportamiento ante cada situación. Emplea instrumentos afectivos (emociones, sentimientos, actitudes) a fin de elegir en las distintas esferas de la vida: interpersonal, amorosa, familiar, intelectual, laboral y productiva" (De Zubiría, 2009, p.19, t.3).

Siguiendo el mismo ejemplo anterior, el miembro de la organización, en esa relación sujeto–objeto y sujeto–sujeto, sostiene una relación afectiva con todo lo que le rodea, y en dependencia de su implicación emocional y del significado de esos objetos y/o sujetos, así se implicará también el miembro de la organización en dicha relación. "La afectividad valora para decidir, para lo cual cumple variadas funciones. Establece las necesidades, los anhelos, define las ilusiones, fija las motivaciones, crea las angustias, los temores, define lo que nos es importante y valioso. Con consecuencias enormes, pues al definir los fines la afectividad decide cómo cada persona invierte su existencia" (De Zubiría, 2009, p.23, t.3). Ahora bien, lo afectivo media lo cognitivo, lo precede, lo conduce y guía su desarrollo, es su motor impulsor, lo cual entrevió genialmente el líder innovador Piaget (1976) cuando afirmó categóricamente que "el intelecto pone los medios y la afectividad los fines", es por ello que, como reiteró tantas veces el líder innovador Aristóteles el arte de valorar consiste en hacerlo en la situación adecuada, con la intención adecuada, en el momento adecuado, con la intensidad adecuada. ¡Y eso sí es bien difícil!

Lo afectivo, integrado a lo cognitivo, se lleva a la práctica mediante lo instrumental, es decir, "la unidad ejecutiva transforma el conocimiento y los afectos en lenguaje o en acciones constructivas" (De Zubiría, 2009, p.19, t.3), pero este proceso es mucho más complejo de lo que se describe en estas páginas, no se trata de reducir la mente humana a simples módulos o unidades estáticas, ya que el cerebro tiene un carácter dinámico y sus funciones, procesos y facultades deben ser analizadas con un enfoque configuracional, que se traslada a la mente humana.

Entre el cerebro y la mente humana se produce una interacción dialéctica, dialógica y configuradora. El cerebro crea la mente humana, apoyándose para ello en sus configuraciones y sistemas de redes y circuitos de comunicación neuronal, y la mente humana modifica y reconfigura al cerebro, apoyada en sus configuraciones afectivas, cognitivas e instrumentales. La una no puede existir sin el otro, y viceversa, ambos se complementan armónicamente y de manera creativa en su desarrollo y configuración.

Las nociones, conceptos, teorías, creencias, pensamientos, información, saberes, aptitudes, facultades intelectuales y conocimientos del ser humano se configuran, se relacionan entre sí, son interdependientes, formando así la configuración cognitiva de la mente humana. Así mismo ocurre con la configuración afectiva, que no es otra cosa que la interrelación armónica entre los afectos, emociones, sentimientos, actitudes y valores humanos. Por otro lado, la configuración instrumental es el resultado de las configuraciones que se producen entre las operaciones, instrumentos, acciones, habilidades y destrezas del ser humano.

Estas tres configuraciones (afectiva, cognitiva e instrumental) se configuran también entre sí en la mente humana, en unos procesos e interacciones dinámicas, complejas e interdependientes.

La Psicología Configurante concibe la mente humana como una configuración de configuraciones (afectivas, cognitivas e instrumentales) y busca precisamente configurar los afectos, las emociones, los sentimientos, las actitudes y los valores en la cualidad o configuración mayor que moviliza al ser humano y determina su comportamiento: el amor, formando así la configuración afectiva de la mente humana. Asimismo, esta configuración afectiva determina la configuración cognitiva, es decir, las nociones, conceptos, informaciones, creencias, teorías y conocimientos del ser humano, con sus procesos de memorización, imaginación, pensamiento y creatividad, se configuran en la configuración cognitiva del ser humano. A su vez, las configuraciones afectivas y cognitivas determinan la configuración instrumental, integrada por el conjunto de operaciones, acciones, habilidades, destrezas y actos que el ser humano muestra en el desarrollo de su actividad.

En efecto, el ser humano actúa como piensa, y piensa como siente, dime lo que tienes en tu corazón y te diré lo que tienes en tu mente, dime lo que tienes en tu mente y te diré lo que eres capaz de expresar y hacer. Dime lo que sientes y te diré lo que piensas, dime lo que piensas y te diré cómo actuarás. La configuración afectiva, determina la configuración cognitiva, y ésta determina la configuración instrumental. La capacidad de innovación depende de la capacidad de pensar diferente, y ésta a su vez depende de la capacidad de sentir. No hay verdadera innovación sin emociones. Sigue los latidos de tu corazón y ellos te llevarán por el camino de la innovación.

La neuro-innovación es un proceso holístico-configuracional, es decir, totalizador, multidireccional, donde se interrelacionan procesos psicológicos de diversas direcciones (afectivas, cognitivas e instrumentales); en la actividad y en la comunicación, con la intervención de factores propios de nuestra condición bio-psico-social, que nos hacen particulares, singulares, únicos, especiales e irrepetibles, comunes pero a la vez diversos. Además, dichos procesos se amplían a nuestras relaciones con otras personas, a los procesos sociales y culturales, a nivel de la familia, de la comunidad, de la sociedad y a las condiciones contextuales y materiales en que éstos se desarrollan. Como dice Fuentes y Álvarez (2004), cada uno de sus eventos expresa a los que le han antecedido y se expresará en los que le sucederán siendo, por tanto, cada uno de éstos expresión de las cualidades del todo.

Según Enciso (2004) todo lo que se hace y se crea en la vida, desde lo más fácil hasta lo más complejo, es el resultado de una actividad cerebral intensa y constante, que se manifiesta en primer lugar en la mente y luego en la realidad. Además, es importante precisar que el sistema límbico (regulador de las emociones) puede muchas veces dominar algunas funciones mentales y capacidades cognoscitivas (ver, escuchar, hablar, pensar, crear, optar, decidir, innovar). Esto quiere decir que existe una estrecha relación entre las emociones y la innovación, de ahí que la filósofa Patricia Churchland, de la Universidad de California concluyó que "al comprender la neurobiología podremos cambiar la forma que tenemos de pensar sobre la responsabilidad de la educación" (citada por Antunes, 2005, p.42)

SISTEMAS CONFIGURATIVOS DEL CEREBRO INNOVADOR

Las puertas de la innovación son los sentidos[8], y éstos son nuestros únicos puntos de contacto con el mundo, son los mecanismos de acceso al cerebro, lo cual indica que constituyen el comienzo, desarrollo y final de nuestra actividad creativa e innovadora, ya que nos permiten percibir el mundo exterior. Los sentidos constituyen los canales de acceso al cerebro humano, a partir de la relación que éste establece con el mundo exterior, pero cada ser humano elabora o concibe interiormente la representación del mismo. Los sistemas de representación son "las distintas formas como el ser humano recoge, almacena, codifica y emplea la información en la mente, al ver, oír, gustar, palpar, oler y sentir" (Enciso, 2004, p.157). Los sistemas de representación se clasifican en visual (ver), auditivo (oír) y cinético (gustar, palpar, oler y sentir).

En la comunicación humana se pueden apreciar diversas modalidades de percepción del mundo que nos rodea. Igualmente, en dependencia del canal de acceso al cerebro que se utilice o del sistema configurativo, así se podrá obtener una mayor o menor rendimiento en la actividad innovadora. Siguiendo a Dale (1969; citado por Cruz, 2003), podemos afirmar que el miembro de la organización aprende un 5 % en las lecciones, un 10 % de lo que lee, un 20 % de lo que escucha y observa, un 30 % en las demostraciones, un 50 % en los grupos de discusión, un 75 % en las prácticas y un 90 % de lo que debate, expresa y hace enseñando a otros.

Según Llinás (2003), el cerebro utiliza los sentidos para apropiarse de la riqueza del mundo, pero no se limita a ellos. Es básicamente un sistema cerrado, en continua actividad, como el corazón. Tiene la ventaja de no depender tanto de los cinco sentidos como creíamos. Por eso, cuando soñamos dormidos o fantaseamos, podemos ver, oír o sentir, sin usar los sentidos, y por eso el estado de vigilia, ese sí guiado por los sentidos, es otra forma de «soñar despiertos». Es decir que, según este autor, no es tan distinto estar despierto que estar dormido.

---

[8] Ojos, oídos, nariz, boca y piel.

Si partimos del supuesto que los miembros de la organización cuando reciben información novedosa, la procesan, la almacenan y posteriormente la recuperan para aplicarla a nuevas situaciones de aprendizaje, entonces una de las funciones del cerebro es la de un organismo que procesa, interpreta y sintetiza de manera activa la información que recibe utilizando para ello una amplia variedad de estrategias de procesamiento, almacenamiento y recuperación. El cerebro es creativo e innovador.

Las actividades que llevan a cabo los miembros de la organización tienen por objeto operar sobre el estado inicial para transformarlo en meta. Así, se podría decir que los problemas tienen cuatro componentes: las metas, los datos, las restricciones y los métodos. De ahí que es la cultura de la pregunta, no de la respuesta, la que estimula el aprendizaje neuro-innovador. Se aprende, preguntando. Las preguntas, y sus respuestas, son las que estimulan la creación y/o modificación de redes y circuitos neuronales.

ROL DE LAS NEURONAS EN EL DESARROLLO DE LA CAPACIDAD DE INNOVACIÓN

"Siempre he estado interesado en cómo aprendemos: cómo nuestro cerebro aprende mejor, tanto como qué aprendemos, ya que lo mejor que hace el cerebro es aprender y el consenso es que el aprendizaje compatible con el cerebro puede cambiar vidas" (Jensen, 2004).

Hasta hace relativamente poco tiempo el cerebro humano constituía una verdadera "caja negra" inescrutable. Indagaciones sobre cómo ocurrían los fenómenos de aprendizaje, cómo se procesaban las emociones, los estados de atención, las habilidades, destrezas y las diversas capacidades humanas podrían ser objeto de especulación pero no de comprensión.

"Sólo a partir del desarrollo de la resonancia magnética, de los sensores de fibras ópticas con catéteres y endoscopias realizadas a través de cámaras acopladas a un haz de luz, se pudo observar el cerebro actuante en una persona viva. Recién entonces comenzaron a llegar muchas respuestas y a surgir nuevas preguntas que esperan todavía respuestas en mayores avances" (Antunes, 2005, p.17).

Los resultados de estas investigaciones han ofrecido pautas importantes sobre cuándo y por qué aprendemos, qué elementos pueden influir en un mayor o menor dominio de la atención y que áreas cerebrales se estimulan cuando "dispara" una reacción emocional.

Según Antunes (2005) los seres humanos aprendemos "de manera perdurable cuando somos transformados en el centro de la producción del aprendizaje y que éste se construye con interacciones entre las informaciones que llegan y las que ya poseemos (saberes previos), pasando de una visión sincrética a una visión analítica y después sintética" (p.18), lo cual deja de ser un punto de vista particular de algún formador de líderes innovadores, o de alguna teoría, para transformarse en postulado científico que debe ser trabajado por todos los líderes innovadores en cualquier sector económico y en cualquier área empresarial.

Si un líder innovador no siente que la realidad del mundo constituye un dato o una información valiosa para los miembros de la organización, y que le corresponde transmitirla; si cree que cada miembro de la organización ya posee una idea y que la interpreta según sus experiencias y creencias, y recita entonces conceptos tradicionales desvinculándolos de las realidades que cada miembro de la organización trae consigo y que ya aprendió viviendo; sólo hace un discurso que será memorizado transitoriamente por sus colaboradores, pero nunca podrá promover su transformación por la incorporación de nuevos saberes integrados a los saberes presentes.

Las nuevas investigaciones sobre el cerebro, y los grandes descubrimientos que se han realizado en esto últimos 30 años, tienen una extraordinaria implicación en el aprendizaje innovador, y sobre todo en la capacidad de aprender de todos los miembros de la organización. Hoy se sabe que nuestro cerebro tiene un inmenso potencial para aprender, que nuestro conocimiento anterior, nuestras emociones y nuestros ideales afectan significativamente nuestro aprendizaje y que las actividades que hagamos con los miembros de la organización, de una u otra manera pueden contribuir a crear y configurar nuevas redes y circuitos de comunicación neuronal.

Según Ortiz (1999), para aprender "se requiere de un clima de optimas relaciones interpersonales, y de un ámbito físico enriquecido por aromas, colores y música" (p.97). En verdad, los recientes descubrimientos de la neurociencia están cambiando nuestras ideas de cómo se debe formar y aprender la capacidad de innovación y la creatividad, lo cual tiene profundas implicaciones por cuanto la organización se estructura de otra manera, y las relaciones entre los miembros de la organización se redimensionan. Como formadores de líderes innovadores estamos siendo protagonistas de una transformación en los cimientos del proceso de aprendizaje innovador.

Nuestro cerebro está preparado biológica y funcionalmente para sobrevivir, está neurológicamente predeterminado para aprender, crear e innovar. "En nuestro genes se hallan y las potencialidades para aprender a escribir, cantar, planear, aprender 52 sonidos de lenguajes universales, esculpir, etc." (Ortiz, 1999, p.105).

Esa masa esponjosa llamada cerebro contiene "unos 10.000 millones de neuronas que constituyen la unidad morfológica y funcional del sistema nervioso. Cada neurona puede establecer unas 10.000 conexiones con otras neuronas y 20.000 con las células nerviosas. Existen 10.000 sinapsis posibles por neurona y un trillón de sinapsis en todo el cerebro" (Ander-Egg, 2008, p.40).

Lo anterior ya había sido comentado por Ortiz (1999), quien plantea que "cada una de las diez mil millones de neuronas en el cerebro humano tiene la posibilidad de establecer conexiones con otras neuronas (tantas como una cifra con veintiocho ceros). Si una sola neurona tiene semejante potencial, poco podemos imaginar lo que todo el cerebro puede realizar" (p.105).

Según Ander-Egg (2008), las neuronas "son células separadas entre sí, que nunca llegan a tocarse físicamente, pero que se comunican mediante conexiones físicas. Cada neurona está compuesta de tres partes: el soma, las dendritas y los axones" (p.57).

> El cerebro está formado por células, de las cuales las más importantes son las neuronas, que se activan eléctrica y químicamente, haciendo que pensemos. A diferencia de otras células de nuestro cuerpo, las neuronas no se dividen para hacer nuevas células, pero crecen y hacen conexiones con otras neuronas, las que tienen un cuerpo celular y dos tipos de prolongaciones: las dendritas, que reciben señales de otras neuronas y el axón, que es el encargado de enviar el mensaje (Ortiz, 1999, p.97).

Según Ortiz (1999) "las células del cerebro forman redes para tomar y comunicar información. Una red recibe información del cuerpo y del mundo, otra red pasa la información en patrones y una tercera, reconoce los patrones y decide qué hacer con ellos" (p.97).

El lugar donde dos neuronas se conectan se denomina sinapsis. Cuando una célula tiene un mensaje para otra, le envía sustancias químicas estimulantes (neurotransmisores) a través de la sinapsis. Cuando una neurona se activa, es decir, cuando se dispara, de ella emana una corriente eléctrica o potencial de acción que, al llegar a una sinapsis, genera los neurotransmisores, o sea, unas sustancias químicas.

"Cada célula recibe cantidad de paquetes de sustancias químicas al mismo tiempo. Cuando recibe suficiente cantidad de paquetes, la célula estimulada envía una señal eléctrica al axón. Este transmitirá su mensaje a través de una sinapsis a otras neuronas o a un efector, que cumplirá la orden de la neurona" (Ortiz, 1999, p.98). Las dendritas son el input de las neuronas, es decir, su sistema de entrada, a través de las cuales reciben información, en cambio el axón es el sistema de salida, el output.

Las dendritas y los axones son para las neuronas lo que los órganos de los sentidos son para el cerebro. Los axones, como conductores, se conectan con las dendritas de otras neuronas mediante la sinapsis.

La sinapsis es la estructura a través de la cual se produce el intercambio de información entre las neuronas. Haciendo un símil, podríamos decir que la sinapsis es similar al lenguaje que permite que los seres humanos nos comuniquemos, mediante los órganos de los sentidos, que en el caso de las neuronas son las dendritas y el axón. Los neurotransmisores constituyen el mensaje. Existen además "casi un billón de células de soporte que son las neuroglias, las cuales permiten que las neuronas realicen sus funciones" (Ander-Egg, 2008, p.40)

> Lo que le da combustible a nuestro cerebro, es la extraordinaria red de neuronas. Estas células, que son alrededor de 100 billones, tienen la capacidad de hacer infinitos números de conexiones. No importa la cantidad de células sino las conexiones entre ellas, ya que éstas son las que activan el aprendizaje, la memoria, la conciencia y la inteligencia. (Ortiz, 1999, p.105)

El aprendizaje de cualquier contenido por parte del miembro de la organización "involucra muchas sinapsis que, una vez activadas, contienen información de algún aspecto del medio o ambiente sociocultural en donde desarrolla su vida el individuo" (Ander-Egg, 2008, p.90).

Como se aprecia, el cerebro humano es excesivamente complejo, por lo que es muy difícil comprender e interpretar esa especie de computadora neuronal conformada por un inmenso circuito integrado por redes de cientos de billones de nexos y relaciones.

En nuestro cerebro "se realizan miles de operaciones mentales que constituyen un prodigio de computación, sin que exista un centro anatómico de coordinación, puesto que está organizado en diferentes sistemas funcionales relativamente autónomos, pero cooperativos" (Ander-Egg, 2008, p.41).

Según Mora y Sanguinetti (1994) "ninguna área cerebral posee el privilegio final del análisis supremo", es evidente que el cerebro humano es una configuración de áreas, sistemas, zonas y configuraciones neuronales que "ejecutan funciones analíticas y de mando de forma paralela" (Mora y Sanguinetti, 1994).

Lo más interesante, increíble y a la vez valioso de todo este proceso es que, según Marion Diamond, investigadora en la Organización de Berckely, "podemos hacer crecer nuevas conexiones entre las neuronas" (Diamond, citada por Ortiz, 1999, p.99), y es precisamente a estas conexiones a las que nos referimos cuando hablamos de aprendizaje neuro-innovador.

"Lo más deslumbrante de este trabajo es que la educación va a continuar toda la vida, porque con el enriquecimiento de la enseñanza hacemos crecer las dendritas y con la pobreza de esta, las perdemos" (Diamond, citada por Ortiz, 1999, p.99).

Partiendo de este criterio, todos los miembros de la organización son capaces de obtener altos resultados en su aprendizaje innovador ya que mientras más conexiones de neuronas logremos en sus áreas cerebrales, más eficientes serán las comunicaciones entre las neuronas y por tanto el aprendizaje en realidad tendrá una función neuro-innovadora.

El cerebro es un mecanismo de búsqueda de patrones. Cuando un patrón percibido parece adecuarse y adaptarse, el cerebro lo almacena. A esto le llamo Configuración conceptual comprensiva. El aprendizaje en su forma simple de comprensión, no es otra cosa que la adquisición de configuraciones conceptuales. Todas las personas tenemos una configuración para vestirnos, para ducharnos, para ir a trabajar. Una vez incorporadas en el cerebro humano, estas configuraciones mentales se desarrollan de manera subconsciente.

Según De Zubiría (2009), ni los conocimientos, ni el pensamiento, ni los afectos, ni las emociones, ni los sentimientos vienen con el cerebro, pero éste sí tiene todas las posibilidades de adquirir estas configuraciones afectivas, por cuanto está "dotado con la maravillosa capacidad de incorporar afectos, conocimientos y palabras, y de instalar en su mente sus programas de empleo. ¡Todo gracias al maravilloso mecanismo del apre-h-endizaje humano!, nuestra original forma de apre-h-ender" (p.9, t.3). De ahí que es la cultura de la pregunta, no de la respuesta, la que estimula la formación de redes y circuitos neuronales por cuanto activan las configuraciones mentales. Por lo tanto, el líder innovador no debe ofrecer respuestas ni soluciones a los miembros de la organización sino que debe hacer preguntas problematizadoras. Las respuestas de los líderes innovadores deben ofrecerse en forma de interrogantes que movilicen el cerebro de los miembros de la organización. En este sentido, el aprendizaje innovador se podría interpretar como un proceso de formación y configuración de nuevas redes y circuitos de comunicación neuronal.

En cada miembro de la organización el procesamiento de la información se da a partir de sus "configuraciones mentales", sin embargo el ser humano procesa información de manera afectiva y continua. Según Alper (2008), el cerebro está configurado mediante "una red interactiva de regiones separadas, cada una de las cuales procesa la información de un modo diferente, y que constituyen nuestras funciones cognitivas" (p.232).

Fue el cirujano y anatomista francés Pierre-Paul Broca, quien, en 1861, descubrió el área del cerebro responsable de la producción del lenguaje[9]. Por otro lado, el neurólogo alemán nacido en la actual Polonia, Carl Wernicke, en 1876, descubrió que una región ubicada detrás y debajo del área de Broca también jugaba un importante papel en el lenguaje, de esta forma localizó el área vinculada con la comprensión del lenguaje hablado y escrito. Por consiguiente, "tenemos una función del lenguaje (localizada en el área de Wernicke, el área de Broca y en la circunvolución angular), una función de la ansiedad (localizada en la amígdala),

---

9 Broca atendió a un paciente que podía entender el lenguaje, pero no podía hablar, sólo podía decir una sola sílaba: tan, por ello fue tratado en el hospital como Monsieur Tan. Durante la autopsia, Broca examinó el cerebro de su paciente y encontró una lesión en la parte posterior del lóbulo frontal izquierdo, lo cual, entre otros hallazgos y constataciones, le permitió concluir que dicha región averiada del cerebro estaba relacionada con el habla. Desde entonces esta área es conocida como el área de Broca.

una función de la moralidad (localizada en la corteza prefrontal dorsolateral media); la lista es muy extensa" (Alper, 2008, p.232).

Pero antes de Broca y Wernicke, el anatomista también alemán Franz Joseph Gall ya había considerado la posibilidad de que en el cerebro se pudiesen localizar diferentes funciones, precisamente su obra principal, publicada en 1822, se titula *Sobre las funciones del cerebro y sobre las de cada una de sus partes*.

Es decir, por cada sensación, percepción, emoción, cognición o conducta del miembro de la organización existe una zona o área específica en el cerebro responsable de generar, organizar y proyectar dicho proceso. Por lo tanto, para comprender mejor la forma en que nuestro cerebro procesa la información y regula nuestros actos, es necesario conocer la esencia y naturaleza de cada uno de los procesos afectivos y cognitivos de donde proceden la mayoría de nuestros comportamientos. Estos procesos encausan la información, de un modo particular, singular, único e irrepetible, y debido a ellos, sus interrelaciones y configuraciones el miembro de la organización consigue una imagen o más o menos perceptible y comprensible de eso tan complejo que llamamos realidad, en este caso el contenido de aprendizaje innovador.

Precisamente, el aprendizaje neuro-innovador busca configurar los afectos, las emociones, los sentimientos, las actitudes y los valores en la configuración mayor que moviliza al miembro de la organización y determina la potenciación y optimización de su aprendizaje: el amor, formando así redes y circuitos neuronales en la configuración afectiva del cerebro y de la mente humana.

Estas redes y circuitos neuronales inherentes a la configuración afectiva constituyen el preámbulo para la configuración instrumental, integrada por el conjunto de operaciones, acciones, habilidades, destrezas y actividades que el miembro de la organización desarrolla en el proceso profesional.

Como consecuencia de lo anterior, en dependencia de las calidades y cantidades de las redes y circuitos de comunicación neuronal creados y/o modificados al interior de las configuraciones afectivas e instrumentales, así se configurarán también las nociones, conceptos, informaciones, creencias, teorías y conocimientos del miembro de la organización, con sus procesos de memorización, imaginación, pensamiento y creatividad, formando así la configuración cognitiva del ser humano, creando y/o modificando nuevas y más diversas redes y circuitos neuronales en las diversas áreas, zonas o sitios de su cerebro. Es decir, que en el aprendizaje innovador, lo afectivo y lo instrumental preceden, guían, conducen y determinan lo cognitivo, pero en la vida misma, en la realidad, en la praxis cotidiana, lo afectivo y lo cognitivo determinan lo instrumental, o sea, el comportamiento humano está determinado por el pensamiento, por los sentimientos y por las emociones, pero el aprendizaje innovador (memoria, imaginación, sensibilidad, originalidad, pensamiento, creatividad, capacidad de innovación) está determinado por las actuaciones, las cuales a su vez dependen de las emociones y sentimientos. Sin motivación no hay actuación, y sin actuación no hay aprendizaje innovador. ¡Así de sencillo!

Lo anterior es muy importante para la Neuro-innovación ya que cuando un miembro de la organización se relaciona con un contenido novedoso, interesante y atractivo, utilizando la mayor cantidad de sus órganos de los sentidos (escuchar, observar, sentir, expresar, hacer) y cuando el líder innovador le comunica ese contenido mediado por fuertes procesos afectivos y emocionales, estimula en el miembro de la organización la formación y configuración de nuevas redes y circuitos neuronales, crea necesidades de aprendizaje, estimula el deseo de aprender y la curiosidad intelectual; cualidades impulsadoras de procesos de aprendizaje en otros contextos, incluyendo la actividad del sueño.

Gracias al eminente neurocientífico colombiano Rodolfo Llinás (2003) conocemos y comprendemos que el cerebro humano tiene la capacidad de generar pensamientos, percepciones y sueños, y en esas percepciones, sueños y pensamientos generados por el cerebro humano hay implícito, de alguna manera, un proceso de aprendizaje, un aprendizaje neuro-innovador.

Todos estos hallazgos han sido posibles en las últimas décadas del siglo XX, debido al vertiginoso e indetenible desarrollo que han alcanzado las neurociencias, y en particular la neurobiología, que ha creado las condiciones imprescindibles para continuar investigando, estudiando, indagando las diversas zonas y áreas del cerebro en donde podrían estar localizados determinados espacios de la cognición.

Lo anterior, sin lugar a dudas, es muy importante para la elaboración de teorías configuradoras. En este sentido, la Pedagogía Configuracional es una magnífica respuesta y la Neuro-innovación debe convertirse en el principal mecanismo configurante para la innovación del cerebro humano.

¿CÓMO INNOVA EL CEREBRO HUMANO?

A pesar de los cambios ocurridos en su personalidad, el miembro innovador experto de la organización, aparentemente inmerso en la etapa de la juventud o adultez, continúa siendo un adolescente, por lo que la potenciación de su capacidad innovadora contribuye a conservar su longevidad, ya que favorece el desarrollo de la personalidad, tanto en su contenido como en sus funciones. La actividad creativa e innovadora condiciona el desarrollo cognitivo del miembro de la organización, ya que la construcción, asimilación y apropiación de conocimientos científicos exige el desarrollo de la percepción que se hace cada vez más reflexiva, convirtiéndose en una observación dirigida a determinar nexos y relaciones entre objetos, sujetos y fenómenos.

La memoria:

La memoria del líder innovador experimenta cambios. Adquiere un carácter más consciente, premeditada y lógica, vinculándose cada vez más al pensamiento lateral, divergente y reflexivo, lo que lo hace más apto para apropiarse de un cúmulo mayor de conocimientos, usando para ello procedimientos lógicos. Se hace más consciente y premeditada, menos verbalista y repetitiva. Comienza a usar conscientemente los recursos mnémicos. Es más racional ya que, para la construcción, asimilación y apropiación del contenido innovador, utiliza procesos tales como la comparación, la sistematización y la clasificación. También se eleva la rapidez y el volumen en la fijación y se logra el desarrollo de la habilidad de establecer asociaciones más complejas, en forma sistémica. En general pudiera decirse que sigue aumentando la capacidad de la memoria a corto plazo y, sobre todo, la de la memoria a largo plazo. Aumenta considerablemente la retención del material significativo.

Las oscilaciones de la memoria innovadora están relacionadas con la inestabilidad afectiva, característica muy presente en la mayoría de los sujetos creativos, y no constituye propiamente una disminución de la memoria.

La imaginación:

La imaginación del líder innovador se desarrolla considerablemente, vinculada a las tareas creativas, aunque se presenta con más fuerza la fantasía, que lo hace "soñar despierto" en relación con el futuro y con situaciones presentes en las cuales entra en contacto con personas especialmente admiradas. Se caracteriza por una mayor productividad y una tendencia al desarrollo de la originalidad y la imaginación creadora. Le es peculiar la fantasía que desempeña un gran papel en su vida, los cuales suelen hacerse ilusiones con relación a su vida futura. Son también frecuentes los ensueños de contenido sexual, familiar y profesional proyectados hacia el futuro.

El miembro de la organización sigue mejorando en su capacidad de aprender especialmente en lo cognitivo, lo que está condicionado por las nuevas condiciones intelectuales de las que ya hicimos referencia, pasando a un segundo plano los aprendizajes manipulativos.

El pensamiento:

El pensamiento en la etapa innovadora puede alcanzar un desarrollo elevado, apareciendo el llamado pensamiento crítico, creativo, configuracional y teórico. Este pensamiento que Rubinstein (Citado por Petrovski, 1979) denomina raciocinio teórico de conceptos abstractos permite al miembro de la organización realizar reflexiones basadas en conceptos, elaborar hipótesis como juicios enunciados verbalmente, los cuales pueden comprobar y demostrar a través de un proceso deductivo (de lo general a lo particular).

El desarrollo del pensamiento en esta etapa se pone de manifiesto con la posibilidad del miembro de la organización de fundamentar sus juicios, de exponer sus ideas de forma lógica, llegar a generalizaciones amplias, ser crítico con relación a determinadas teorías y a su propio pensamiento. Además el miembro de la organización utiliza formas lingüísticas del pensamiento abstracto tales como símbolos y fórmulas, lo que expresa las características que adopta la relación pensamiento y lenguaje, en un nuevo nivel cualitativo de desarrollo.

En general pudiéramos decir que el pensamiento del líder innovador se hace más reflexivo y teórico, lo que permite la utilización adecuada de conceptos, la elaboración de hipótesis, la fundamentación de juicios, la exposición de ideas de forma lógica, la realización de amplias generalizaciones, así como el ser más crítico en la utilización de determinadas teorías. Todo esto implica el desarrollo del pensamiento crítico. Además, como ya dijimos, crece la capacidad del pensamiento abstracto, pues el miembro de la organización desarrolla formas lingüísticas del pensamiento, tales como símbolos y fórmulas, lo que expresa las características que adopta la relación pensamiento y lenguaje.

Lo anteriormente señalado no significa que aún existan determinadas limitaciones entre las que pudiéramos señalar la simplicidad de sus concepciones que en ocasiones carecen de fundamentación y de elementos creativos y la pobreza de las argumentaciones que dan a muchos de sus juicios. En esta etapa continúa desarrollándose el pensamiento teórico que contribuye a la formación de la concepción del mundo. La percepción sigue evolucionando en esta etapa. La percepción visual continúa su perfeccionamiento. Esta mejoría se manifiesta en un aumento de la agudeza visual, en una mayor precisión a la hora de determinar la constancia del tamaño y de la forma de los objetos, y en una mayor facilidad para encontrar figuras simples incluidas en otras más complejas.

El miembro de la organización percibe visualmente el mundo con una mayor precisión, por lo que está en condiciones de actuar sobre él de una forma más adecuada. En general pudiera decirse que la percepción eleva su volumen, se hace más planificada, consciente y analítica, convirtiéndose ya al final de sus estudios en una observación activa, imprescindible para el desarrollo exitoso de la actividad creativa y del futuro trabajo innovador.

Las representaciones en la actividad innovadora se hacen menos plásticas y más abstractas, disminuyendo la importancia de lo perceptivo para las mismas. El líder innovador tiende a representarse los objetos, los sujetos y los acontecimientos de una manera más abstracta o "formal".

Esta modificación de la representación está indudablemente vinculada al cambio total de su estilo cognitivo, su inteligencia ya puede operar sin apoyarse en el mundo perceptivo, lo que termina por formalizar las representaciones, las cuales participan de muchas de las características que solemos atribuir a los conceptos.

El lenguaje:

En la etapa innovadora la utilización del lenguaje alcanza su verdadera dimensión de sistema de comunicación por signos. Como es sabido, el contenido o significación de una palabra es un concepto. Precisamente en esta etapa se puede hablar de un pensamiento conceptual el cual no sería posible si las palabras no adquieren su verdadera dimensión interpersonal, es decir, cuando el miembro de la organización es capaz de renunciar a su punto de vista egocéntrico sobre las cosas, para entenderlo según lo hacen los demás, lo que es diferente del sentido que la lengua les atribuye. Esto significa que su capacidad de comunicación con los que le rodean aumenta considerablemente debido a la posibilidad de utilizar mejor el lenguaje innovador, lo que no quiere decir que carezca de opiniones personales sobre las cosas. Se ha constatado que el vocabulario y la comprensión de las palabras se relacionan con la formación de conceptos propia de la capacidad de innovación.

Desde el punto de vista instrumental se pudiera destacar la utilización de las operaciones lógicas del pensamiento tales como el análisis, la síntesis, la comparación, la abstracción y la generalización. Continúa el desarrollo de habilidades y destrezas intelectuales entre las que se encuentran la de resumir, caracterizar, valorar y definir, las cuales favorecen el aprendizaje y la formación de conceptos, así como el desarrollo del pensamiento abstracto y teórico del que ya hicimos referencia anteriormente.

La afectividad:

Los procesos afectivos se van configurando en la etapa de innovación, desde sus formas más elementales, variables y situacionales: los afectos y las emociones, hasta sus formas más complejas y estables: los sentimientos; hasta convertirse en actitudes, valores, convicciones e ideales, configurados en la afectividad humana, mediados por el amor. No hay verdadera innovación trascendente sin amor.

PALABRAS FINALES

Aunque son muy embrionarios los criterios aquí expuestos, criticables y rechazables en algunos casos, constituyen una sólida base para continuar reflexionando y encontrando posibles soluciones a las complejas situaciones que enfrenta la empresa actual.

No existe un instrumento válido para evaluar la innovación en cualquier tipo de profesional u organización, no hay un instrumento que pueda ser utilizado para evaluar todos los aspectos significativos de la innovación en la empresa contemporánea.

La innovación no puede ser improvisada de un día para otro, en su estimulación y desarrollo interactúan muchos factores de diversa índole, por lo tanto, tiene un carácter personalizado.

Una de las vías más importantes para la estimulación y el desarrollo de la capacidad de innovación es la solución de problemas facilitadores en sesiones colectivas. Los facilitadores deben utilizar problemas estimuladores que tengan un carácter heurístico, con el fin de facilitar el proceso de desarrollo de la capacidad de innovación.

Todavía es insuficiente la preparación que tienen algunos facilitadores para que puedan realizar cambios y transformaciones organizacionales, con el fin de lograr una innovación propiciadora del cambio, el desarrollo y la competitividad empresarial.

Los facilitadores deben aplicar instrumentos específicos para identificar las potencialidades creativas y la capacidad de innovación de los participantes, en correspondencia con el área de desempeño profesional.

Como resultado de las primeras aplicaciones (aún insuficientes), de un proceso innovador concebido en esta forma, hemos obtenido algunos resultados alentadores, que nos conducen a un grupo de ideas que podemos plantear finalmente:

- Cuando el facilitador conoce de manera más profunda y precisa a los participantes podrá brindar una mejor atención formativa grupal y diferenciada.

- Se logra una mejor comunicación facilitador-participante y participante-participante, a partir de las actividades de diagnóstico y de estimulación utilizadas, que propician el diálogo permanente, la configuración de metas individuales y colectivas de aprendizaje y de mayores posibilidades de expresión, argumentación de ideas e innovación.

- Un nivel más alto de reflexión, autoconocimiento y autovaloración de participantes y facilitadores sobre sus fuerzas y debilidades intelectuales, personales y grupales.

- Una elevación de la motivación, responsabilidad y compromiso hacia la innovación, con una tendencia a convertirse en motivación intrínseca.

- Un incremento de la confianza y seguridad en sí mismo, de las posibilidades de innovación, del espíritu crítico, investigativo, de la cooperación y el sentimiento de pertenencia al grupo.

- Evolución de una orientación pasivo-descriptiva ante el conocimiento, y de una resistencia inicial a hacer esfuerzos cognitivos independientes, a una participación espontánea, constructiva, transformadora e innovadora.

- El proceso profesional se convierte en una fuente de vivencias afectivas positivas, agradables; los facilitadores y participantes sienten satisfacción por el saber compartido, por los éxitos logrados, por los errores corregidos o eliminados.

- El facilitador dirige, orienta, facilita, estimula y potencia la capacidad de innovación de los participantes; la planificación del proceso obedece a un trabajo previo conjunto, sobre bases reales y objetivas, donde hasta la improvisación en un momento determinado se corresponde, se adecúa a la situación de aprendizaje creativo configurada por él y los participantes.

Todo esto nos hace pensar que en el proceso innovador llevado a la práctica de manera consecuente, los participantes y los facilitadores serán cada vez más reflexivos e independientes, críticos y flexibles, motivados y comprometidos, seguros y creativos, en fin, auto-determinados, innovadores, desarrollados plenamente.

Las reflexiones presentadas en este libro contribuyen a potenciar el desarrollo de la formación de la personalidad del líder innovador, fundamentalmente en sus relaciones interpersonales y de amistad a través de los sistemas organizacionales. Impulsan el trabajo en equipo, el respeto a la opinión de los otros, la apertura al otro, la crítica, la autocrítica, la autodeterminación, el crecimiento personal y la capacidad de innovación. Estas modestas reflexiones son aplicables a todos los sectores de la economía, a todas las organizaciones y todos los seres humanos que estén interesados por desarrollar su capacidad de innovación.

BIBLIOGRAFÍA

Alper, M. (2008). Dios está en el cerebro. Una interpretación científica de la espiritualidad humana y de Dios. Bogotá: Editorial Norma.

Ander-Egg, E. (2008). Claves para introducirse en el estudio de las inteligencias múltiples. Argentina: Ediciones HomoSapiens.

Andreani, O. S. (1972). Las raíces psicológicas del talento. Investigaciones acerca de la inteligencia y la innovación y la creatividad. Buenos Aires: Kapeluz.

Antunes, C. (2005). Educar en las emociones. Nuevas estrategias para el desarrollo de las inteligencias múltiples. Argentina: Editorial San Benito.

Begley, Sh. (1998). How to Build a Baby's Brain. Newsweek. Edición especial primavera/verano.

Begley, Sh. (2008). Entrena tu mente. Cambia tu cerebro. Bogotá: Editorial Norma.

Bermúdez, R. (1995). Modelo Integral del Proceso Pedagógico Profesional. La Habana: CEPROF. ISPETP.

Betancourt, J.; Chibás, F.; Sainz, L. Y Trujillo, O. (1994). La innovación y la creatividad y sus implicaciones. La Habana: Academia.

Borroto, G. (1997). Creatividad y trabajo manual. Curso pre-reunión. La Habana: Pedagogía 97.

Bruner, J. (1985). En busca de la mente. México: Fondo de cultura económica.

Carreño, P. (1977). Sociología de la Educación. Madrid: UNED-MEC.

Carter, R. (2002). El nuevo mapa del cerebro. Barcelona: Ediciones Integral. Segunda edición.

Chibás, F. (1992). Creatividad + Dinámica de grupo = ¿Eureka! La Habana: Pueblo y Educación.

Chibás, F. (1997). Creatividad x Cultura = Eurekas. La Habana: Pueblo y Educación.

Crawford, R. (1954). Techniques of creative thinking. Hawthorn Books inc. New York.

Cruz, C. (2003). Los genios no nacen, ¡se hacen! Cómo programar tu mente para triunfar y ser feliz. Bogotá: Editorial Planeta Colombiana.

Damasio, A. R. Y Damasio, H. (1992). Prosopagnosia: Anatomic basis and behavioral mechanisms. Neurology. 32: 331-341.

Damasio, A. R. (1994). El error de Descartes. La razón de las emociones. Santiago de Chile: Editorial Andrés Bello.

Damasio, A. R. (2007). El error de Descartes. La emoción, la razón y el cerebro humano. Barcelona: Crítica.

De Bono, E (1980). Aprender a pensar. Impresión ligera. La Habana: Facultad de Economía. Organización de la Habana.

De Bono, E. (1986). El pensamiento lateral. Barcelona: Paidós.

De Zubiría, J. (2006). Los modelos pedagógicos. Hacia una pedagogía dialogante. Bogotá: Editorial Magisterio.

De Zubiría, M. (2004). El mito de la inteligencia y los peligros del cociente intelectual. Bogotá: Fundación Internacional de Pedagogía Conceptual Alberto Merani.

De Zubiría, M. (2009). ABC de Pedagogía Conceptual 4. Cómo funciona la mente humana. Más allá de la Psicología Cognitiva. Bogotá: Fundación Internacional de Pedagogía Conceptual Alberto Merani.

Dewey, J. (1978). Democracia y educación. Buenos Aires: Losada.

Díaz, C. (1999). De la liberación a la esperanza: Paulo Freire y su educación popular. Santiago de Chile: Ediciones Jurídicas Olejnik.

Dorsch, F. (1985). Diccionario de Psicología. Barcelona: Editorial Heider.

Enciso, O. (2004). Aprendiz y líder innovador con programación neurolingüística. Colombia: Ediciones Ayala Ávila y Cía.

English, H. B. Y Añadivia, O. V. (s.f.). Diccionario Manual de Psicología. Buenos Aires: Editorial Florida.

Forero, G. (2004). Etapas del desarrollo de la innovación y la creatividad y capacidades creativas de los miembros de la organización. Barranquilla: Organización del Atlántico.

Fuentes, H., Álvarez, I. y Matos, E. (2004). La teoría holístico – configuracional en los procesos sociales. Revista Pedagogía Universitaria Vol. 9 No. 1, 2004. Organización de Oriente. Cuba: Centro de Estudio de Educación "Manuel F. Gran"

Gardner, H. (1993). La mente no escolarizada. Cómo piensan los niños y cómo deberían enseñar las escuelas. Traducción de Ferran Meler - Ortí. Barcelona:

Ediciones Paidós.

Gardner, H. (2007). Estructuras de la mente. Teoría de las inteligencias múltiples. México: Editorial Fondo de Cultura Económica. Sexta reimpresión.

Goleman, D. (1996). La inteligencia emocional. Buenos Aires: Javier Vergara Editor.

González, A. (1990). Cómo propiciar la innovación y la creatividad. La Habana: Ciencias Sociales.

González, F. (1995). Comunicación, personalidad y desarrollo. La Habana: Editorial Pueblo y Educación.

Gordon, W. (1963). Estrategias para la innovación y la creatividad sinéctica. México: Herreo Hnos.

Guilford, J. P. (1991). Creatividad y Educación. Barcelona: Paidós.

Health, R. (2000). Researchers Identify Brains Moral center. Miércoles. Marzo 5.

Hurlock, E. (1966). Principios del desarrollo infantil. Madrid: MacGraw - Hill.

Jensen, E. (2004). Cerebro y Aprendizaje. Competencias e implicaciones educativas. Madrid: Narcea.

Landau, E. (1987). El vivir creativo. Teoría y práctica de la innovación y la creatividad. Barcelona: Herber.

Lerner, I. I. (1981). Bases didácticas de los métodos de enseñanza. Pedagogía. Capítulo II. Moscú.

Llinás, R. (2003). El cerebro y el mito del yo. El papel de las neuronas en el pensamiento y el comportamiento humanos. Bogotá: Norma.

Marín, R. (1976). La innovación y la creatividad en la educación. Buenos Aires: Kapaluz.

Martí, J. (1961). Ideario Pedagógico. La Habana.

Martí, J. (1975). Obras Completas. La Habana: Editorial Ciencias Sociales.

Martí, J. (1975). Obras Completas. T. 08. La Habana: Ciencias Sociales.

Martí, J. (1975). Obras Completas. T. 12. La Habana: Ciencias Sociales.

Martí, J. (1975). Obras Completas. T. 13. La Habana: Ciencias Sociales.

Martí, J. (1975). Obras Completas. T. 18. La Habana: Ciencias Sociales.

Martí, J. (1975). Obras Completas. T. 19. La Habana: Ciencias Sociales.

Martí, J. (1975). Obras Completas. T. 22. La Habana: Ciencias Sociales.

Martí, J. (1976). En Escritos sobre educación. La Habana: Ciencias Sociales.

Martínez, M. (1990). La innovación y la creatividad en la organización. Palacio de la Convenciones.

Martínez, M. (1993). Actividad pedagógica y creatividad. Palacio de las Convenciones.

Martínez, M. (1995). Creatividad y calidad educacional. La Habana: Pedagogía 95.

Martínez, M. (1997). Creatividad y talento. Curso pre-reunión. La Habana: Pedagogía 97.

Martínez, M. (2008). Epistemología y metodología cualitativa en las ciencias sociales. México: Trillas.

Martínez, M. (2009). La nueva ciencia. Su desafío, lógica y método. México: Trillas.

Martínez, M. (2012). El paradigma emergente. Hacia una nueva teoría de la racionalidad científica. México: Trillas.

Medina, A. (2006). Didáctica de los idiomas. Colombia: Editorial CEPEDID.

Meier, A. (1984). Sociología de la Educación. La Habana: Ed. Ciencias Sociales.

Mitjáns, A. (1993). ¿Cómo evaluar la innovación y la creatividad? Revista Cubana de Psicología. Vol.10. No 2-3. La Habana.

Mitjáns, A. (1995a). Creatividad, Personalidad y Educación. La Habana: Pueblo y Educación.

Mitjáns, A. (1995b). Pensar y crear. La Habana: Academia.

Mitjáns, A. (1997). Cómo desarrollar la innovación y la creatividad en la organización. Curso pre-reunión. La Habana: Pedagogía 97.

Nash, M. (1997). Fertile Minds. Time. Feb. 3.

Novaes, M. H. (1979). Psicología de la actitud creadora. Buenos Aires: Kapeluz.

Ortiz, E. M. (1999). Inteligencias múltiples en la educación de la persona. Argentina: Bonum.

Osborn, A. F. (1963). Applied imagination. New York: Scribner.

Papalia, D. (1990). Psicología General. Bogotá: Editorial McGraw-Hill.

Parnes, S. (1973). Guía del comportamiento creador. Módulo 1. México: Editorial Diana.

Petrovski, A.V. (1979). Psicología Evolutiva y Pedagógica. Moscú: Editorial Progreso.

Peyser, M. Y Underwood, A. (1998), "Shyness, Sadness, Curiosity, Joy. Is it Nature or Nurture? Newsweek. Edición especial primavera/verano.

Piaget, J. (1972). Epistemología de las ciencias humanas. Buenos aires: Prometeo.

Piaget, J. (1976a). Investigaciones sobre la contradicción. Siglo XXI: Madrid.

Piaget, J. (1976b). Investigaciones sobre la contradicción. Madrid: Siglo XXI.

Piaget, J. (1976c). Psicología y Pedagogía. México: Editorial Ariel.

Popper, K. (1973). La lógica de la investigación científica. Madrid: Tecnos.

Popper, K. (1980). El yo y su cerebro. Madrid: Tecnos.

Rogers, C. (1991). Libertad y Creatividad en la Educación. Paidós: Barcelona.

Romo, M. (1997). Psicología de la innovación y la creatividad. Paidós: Barcelona.

Stein, R. (1999). Sociality, Morality and the Brain. Lunes. Octubre 25. A13

Storr, A. (1992). Music and the Mind. Ballantine.

Taylor, J. A. (1959). The nature of the creative process. New York: Hastings House.

Terman, L. M. (1975). Medida de la inteligencia. Madrid: Espasa Calpe.

Torrance, E. (1992). La enseñanza creativa produce efectos específicos. Teorías y prácticas sobre creatividad y calidad. La Habana: Academia.

Valdés, H. (1999). Reflexiones acerca de la calidad de la educación. Instituto Central de Ciencias Pedagógicas. Fotocopia del propio autor (material inédito). La Habana.

Vigotsky, L. S. (1981). Pensamiento y Lenguaje. La Habana: Pueblo y Educación.

Weisberg, R. (1989). Creatividad, genio y otros mitos. Barcelona: Ediciones Labor.

Zwicky, F. (1969). Discovery, invention, research though morphological approach. Mac Millan.